Danke

Pfarrer Christian Sieberer

Danke

Das Leben ist schön

Bibliografische Information der Deutschen Nationalbibliothek:
Die Deutsche Nationalbibliothek verzeichnet diese Publikation in der Deutschen Nationalbibliografie; detaillierte bibliografische Daten sind im Internet über dnb.dnb.de abrufbar.

Herstellung und Verlag:
BoD – Books on Demand, Norderstedt

ISBN: 978-3-7448-7217-1

INHALT

TEIL I

TEIL II
Hindernisse der Dankbarkeit

I

TEIL III

Einleitung

Es freut mich, liebe Leser, dass Sie dieses Buch zur Hand genommen haben und wünsche Ihnen eine angenehme Lektüre.

Bei unserer letzten Begegnung haben wir über die Langeweile nachgedacht und hoffentlich viele gute Seiten an ihr entdeckt.
Eine davon ist ihre Aufgabe als Wegbereiterin zur Erkenntnis, dass das Leben schön ist.
Und wir daher berufen sind, dankbar zu sein.

Anknüpfend an das erste Buch möchte ich Ihnen heute erzählen, wie es mit meinem Leben im und nach dem Sommer 1988 weiterging.

Sommer haben es so an sich, dass sie lang sind.
Und recht ein-tönig. Gleiche Temperatur, gleiche Atmosphäre, gleiche Stimmung.
Mein Sommer 1988 war das alles zum Quadrat, denn er war doppelt so lang wie sonst. Im Juni hatte ich Matura und danach vier Monate Zeit bis zum geplanten Studienbeginn im Oktober.

Yo.
Na, gut, also…
Was machen wir jetzt?

Es soll Jugendliche geben, die auf diese berühmte Frage mit nur einem Wort antworten: Party!

Wenn sie nichts zu tun haben, wollen sie einfach mal Party machen, weil Partys für sie das Allerhöchste sind. Punkt.

Glücklicherweise war ich immer schon recht schüchtern veranlagt.
Glücklicherweise kannte ich ausreichend Menschen, die dies offensichtlich nicht waren, und am Ende all der Partys mit leeren Händen und Herzen dastanden.

Wozu dann also der ganze Aufwand?!

Soll heißen: Ich musste nicht alles ausprobieren, denn diese Mühe hatten mir Vorkoster und Vortrinker dankenswerterweise abgenommen.

Viele von ihnen waren älter als ich, viel berühmter, reicher, schöner, interessanter und was es sonst noch so an unfassbar Erstrebenswertem gibt. Eines hatten sie gemeinsam:

Den toten Blick.

Spätestens um vier Uhr früh.

Wenn dann endgültig und unausweichlich klar wurde, dass dieser Abend genauso leer gewesen war, wie die meisten zuvor.

Trotz Alk, trotz „Liebe", trotz allem.

Mehr als Sex, Drugs und Rock 'n Roll war schon den alten Römern nicht eingefallen, sie nannten es halt Wein, Weib und Gesang.

Über kurz oder lang kam der Untergang.
Weil dekadent nicht lange hält.

Leere war auch mein Gemütszustand nach einem vergleichsweise harmlosen „Party-Mini-Marathon". Es lag nicht an den Locations, den Typen oder sonstigen Ingredienzen, denn die konnten leider besser nicht sein.

Andernfalls hätte ich es wahrscheinlich unter geänderten Umständen nochmals probiert, doch nun war da nur noch nichts. Ich war buchstäblich am Ende, und das mit 18 Jahren, in der Blüte der Jugend.

Besser ging's nicht mehr. Mehr gab es nicht.

Und genau das war das Problem.

Wenn man alles hat, was hat man dann noch?

Nette Hinweise von netten Menschen, dass man doch alles hat und eigentlich zufrieden sein müsste, helfen hier mal gar nichts, sondern machen die Qual nur größer.

Aber auch andere Kommentare sind in einer solchen Situation durchaus entbehrlich:
Jo, mei, hat er halt eine Existenzkrise. Da müssen wir alle mal durch, aber das wird schon wieder.

Bei mir wurde jedoch **nichts** wieder. Das Letzte, was ich wollte, war das Immer wieder des Immer glei-chen.

Endgültigkeit hat auch ihre schönen Seiten.
Zumindest wusste ich nun eines ganz genau:
Was ich **nicht** wollte.

Und erstaunlicherweise reichte das mal fürs Erste.
Ich brauchte nicht wissen, was ich wollte.

**Es genügte tatsächlich zu wissen,
was ich nicht wollte.**

Kurios aber wahr.
Einfach aber klar.

Und es war mir, der ich zu diesem Zeitpunkt noch sehr von Kommentaren anderer Menschen abhängig war, plötzlich erstaunlich egal, was andere denken, reden und tun.

Mir war es schlichtweg zu dumm, Dinge zu tun, deren unbefriedigendes Ende ich schon vorher kannte, weil ich es bereits unzählige Male erlebt hatte.

Bloß weil sonst nichts zu tun war, war für mich kein Grund mehr, denselben Schwach-Sinn noch mal zu tun.

Lieber tat ich nichts, als immer dasselbe.

Die Anderen konnten ruhig über mich ablästern, bei ihren großartigen Events war ich nicht mehr dabei.

Und war froh.

Lieber blieb ich im selbst gewählten Niemandsland, als einmal mehr in ausgekühlten Nudelsuppen Geschmack am Leben zu suchen.

Für Langeweile wollte ich keinen großen Aufwand mehr betreiben. Menschen, die in höherem Alter noch immer im Party-Modus lebten, waren für mich inspirierendes, abschreckendes Beispiel.

Lieber stellte ich mich der nüchternen Realität, als von Dingen zu träumen, die es schlichtweg nicht gibt.

Von einem Leben zum Beispiel, an dem jeder Tag und jeder Abend total neu, aufregend und unvergesslich sein könnte.

Wenn du mal alle vermeintlich angesagten Locations der Stadt abgegrast hast, wird dir bewusst, dass alle genau davon träumen und niemand es erreicht. Einfach mal das Land wechseln und andere Städte entdecken, hilft da leider auch nicht weiter.

Also…
… rein in die oft rauhe, leere Wirklichkeit, denn das infantile Bauen von aufregenden Luftschlössern war mir schlichtweg zu anstrengend geworden.

Hier sein, das Nichts aushalten und genießen, sonst nichts.

Mein recht gutes Gedächtnis war mir immer wieder eine große Hilfe, wenn natürlich auch Zweifel an meinem neuen, ungewöhnlichen Weg auftauchten.
Ich brauchte mich nur an die toten Stunden erinnern, um dies nicht mehr erleben zu wollen.

Freunde hat man da schnell keine mehr, aber auf „Freunde", die ihre Freundschaft über gemeinsame benebelte Stunden definieren, konnte ich problemlos verzichten.

Nun denn, ein Leben ohne Sinn
kann führen zu einem neuen Beginn.

Wo fängt man an, wenn man nichts mehr hat?

Bei Null.

Die 0 ist bei näherer Betrachtung besser als ihr Ruf. Sie hat viel Leere aber auch viel Weite.

Sie gibt nichts vor, also schafft sie Freiheit.

Freiheit der Gedanken zum Beispiel, die nicht mehr tagtäglich dieselbe Routine durchrattern müssen: „Wie kann ich es heute möglichst vielen Menschen möglichst recht machen, damit sie mich möglichst großartig finden?"

Wenn du es den Menschen einfach nicht mehr recht machen willst, weil du nachhaltig begreifst, dass die Dinge, die sie für recht halten, ihnen und dir schaden, atmest du schon einen ersten Zug der neuen, erfrischenden Freiheit.

Dann bist du nicht einfach ein armseliger Michael Kohlhaas, der verbittert und verbiestert der Welt zeigen muss, wo es lang geht, sondern ein Mensch, der beginnt zu leben.

Wir sind es uns und unseren Mitmenschen schuldig, dass wir **nicht** mitgehen beim großen Walking-Event des Rattenfängers von Hameln. Auch wenn wir Stimmen hören wie:
„Hallo Leute, kommt euch das nicht auch alles ein wenig seltsam vor, wo führt uns der denn hin...?"
„Ach, nein, das passt schon. Schau doch mal, wie viele da mitlaufen, das stimmt ganz sicher...!"

Gemeinsames Absaufen erweckt zwar gewiss starke gruppendynamische Gefühle, aber wenn die Community mal abgesoffen ist, hat leider niemand mehr was davon.

Ich wollte nicht absaufen in den Sümpfen der klinisch-reinen Spaßgesellschaft, die alles erlaubt und alles beklatscht, jedoch ganz plötzlich ihr wahres Unlustig-Gesicht zeigt, sobald sie selbst in Frage gestellt wird.

Befreit von dem Diktat, dauernd gut drauf sein zu müssen, spürte ich, wie ich immer besser drauf war.

Vorbilder hatte ich damals keine, auch keine Einflüsterer verborgener Glückslehren oder irgendwelche Führer zu großen, mannhaften Zielen, nein, ich fühlte mich eher wie der „last survivor", der sich unter lauter Toten wenigstens den Willen zum Überleben bewahrt hatte.

Das bedeutete für mich, immerhin zu ahnen, dass es da noch mehr geben musste.

Und eine gewisse Bereitschaft, dafür auch etwas einzusetzen, schließlich ging es um nicht weniger als mein Leben.

An Spaß und gute Laune, wohlige Gefühle oder Anerkennung der Gesellschaft dachte ich zu diesem Zeitpunkt nicht mehr, all das hatte mich ja in die enge Lage gebracht, aus der ich nur noch rauswollte.

Irgendetwas war da noch, wonach ich mich sehnte.

Bloß, was?

Über drüber

Wenn der Mensch mit der Welt, die ihn umgibt, nichts mehr anfangen kann, kann er in einer anderen Welt anfangen.

Einfach mal die engen Grenzen überschreiten, den Blick weiten, über den eigenen Gartenzaun hinaus.

Transzendenz nennt man das, Wikipedia sagt dazu:

Transzendenz (von lateinisch transcendentia „das Übersteigen") bezeichnet in Philosophie, Theologie und Religionswissenschaft ein Verhältnis von Gegenständen zu einem bestimmten Bereich möglicher Erfahrung oder den Inbegriff dieses Verhältnisses.

Als transzendent gilt, was außerhalb oder jenseits eines Bereiches möglicher Erfahrung, insbesondere des Bereiches der normalen Sinneswahrnehmung liegt und nicht von ihm abhängig ist. Mit der in der Bezeichnung enthaltenen Vorstellung des „Übersteigens" ist vor allem eine Überschreitung der endlichen Erfahrungswelt auf deren göttlichen Grund hin gemeint, seltener eine Selbstüberschreitung des Göttlichen auf die Weltschöpfung hin.

Der komplementäre Begriff des „Immanenten" bezeichnet das in den endlichen Dingen Vorhandene, sie nicht Überschreitende und daher ohne transzendente Vorstellungen Beschreibbare und bestenfalls auch Erklärbare.

Sehr empfehlenswert beim Umgang mit Transzendenz ist die Befolgung einer einfachen Grundregel, die Casey Kasem geprägt hat:

„Keep your feet on the ground, and keep reaching for he stars." Flott übersetzt: „Bleibe mit den Beinen am Boden und strecke dich aus nach den Sternen."

Viele Menschen wollen von dem ganzen Überdrüber Kram natürlich überhaupt nichts wissen.

Ihnen empfehle ich, über folgenden Satz von Antoine de Saint-Exupéry nachzudenken:

Wenn nichts über dir ist,
hast du nichts zu empfangen.
Außer von dir selber.
Was aber erhältst du schon
von einem leeren Spiegel?

Wir dürfen weiterhin ganz ruhig bleiben:

Nun springt nicht gleich der Liebe Gott aus der Kiste, und wenn er nicht springt, dann zerren wir ihn auch nicht heraus.

Wir schmeißen uns jetzt nicht in irgendwelche Mediationstechniken, denn ganz da sein und so ist gar nicht mal so einfach.

Wir schalten auch nicht unser Hirn aus, denn das können wir jetzt gut gebrauchen.

Die Seelenkräfte Verstand, Gedächtnis, Wille sind nun gefragt, weil wir unserem bisherigen Leben ein wenig zuhören dürfen:

Hallo, ich bin dein Leben.

Die Jahre, die du bisher verbracht hast.

Das Schöne und das Schwere.

Die Fülle und die Leere.

Erfolg und Niederlage.

Lachen und Weinen.

Suchen und Finden.

Tag und Nacht.

Gestern, heute, morgen…

… und schon sind wir drin in der Transzendenz und überschreiten in Gedanken Zeit und Raum.

Wenn ich an mein Leben denke, steigen da auch Erlebnisse auf, in denen der Alltag aufgelöst wurde.

Da war plötzlich alles anders als bisher, es wurden Grenzen überschritten oder verschwanden von selbst.

Da verflogen Ängste, wurden neue Fundamente gelegt, gingen Türen auf, öffnete sich die Weite.

Da blickte mich die Ewigkeit an, und alles schien logisch und gut.

Es zerplatzten die Seifenblasen-Bildchen, Täuschungen wurden ent-täuscht, das bisherige Nichts war plötzlich alles.

Blendwerk verschwand, Raum wurde freigegeben, mitten ins Herz zog der Friede ein.

Hier bin ich, und ich bin nicht anders.

Natürlich wollte ich diese Momente festhalten, aber das war nicht möglich.

Als meine Antwort auf diese besonderen Augenblicke schien mir nur ein Wort passend:

Danke.

Sprach ich es aus, war alles gut. Das Geschenk war angenommen und für immer mein.

Sprach ich es nicht aus, stieg schon bald Unruhe in mir auf. Ein Vakuum machte sich breit.

Das Wunderbare wurde rissig, die Freude wandelte sich in eine unerklärliche Unzufriedenheit.

Das trotzige, verwöhnte Kind stampfte umso stärker auf den Boden, je mehr es bekam.

Die himmlische Heiterkeit wurde mit irdischen Jammer-Salven beschossen.

Ich bin voll, ich habe alles, und genau jetzt spüre ich, dass ich das nicht oder nur kurz aushalte.

Unterm Strich war jedoch alles wieder gut: Offensichtlich machte es einen Unterschied, ob ich Dank sagte oder nicht.

Unterschiede sind meistens gut, sie geben dem Leben Kontur und Einzigartigkeit. Sie vertreiben den Nebel und schenken uns einen klaren Tag und eine klare Nacht.

Die schönen Momente ergaben sich aus dem Nichts, ich konnte sie weder erzwingen noch herbeizaubern.

Aber irgendwie spürte ich, dass es auch auf meine Mitwirkung ankam. Auf meine Offenheit, auf meinen Dank. Es war also:

Gabe und Aufgabe

Freude, Glück, Zufriedenheit,... sind wunderbare Geschenke, nach denen sich jeder Mensch sehnt. Die einen strengen sich dafür unglaublich an und erhalten wenig bis nichts, die anderen sind zu faul, den Schatz aus dem Acker zu graben, und bekommen ebenfalls wenig bis nichts.

Und schließlich gibt es Menschen, die sich vom Leben beschenken lassen, so wie es eben kommt und gleichzeitig in Freude und Gelassenheit ihren Teil dazu beitragen, dass das Glück bei ihnen einen Landeplatz findet.

Du kannst und brauchst nicht alles selbst machen.
Du darfst mitwirken.
Gabe und Aufgabe.

Jeder Mensch ist frei, diese schöne Weisheit in seinem Leben zu verwirklichen.

Oder eben nicht.

Du machst den Unterschied.
So oder so.

Du machst den Unterschied.

Das ist nicht bloß eine dieser öden Motivationsformeln aus irgendeinem öden Motivationsbuch, sondern lässt sich leicht verifizieren.

Das berühmte Glas Wasser, halb, äh, gefüllt oder geleert?

Du machst den Unterschied. Und du kannst gar nicht anders.

Na, geh, immer diese lästigen Fragen, also naja, was soll ich nun sagen, das Glas ist also, äh, naja, mal klar, es ist also auf jeden Fall halb, aber hmm, also…

Also, was jetzt?

Halb voll oder halb leer?

Es liegt tatsächlich (nur) an Dir, ob Du halb voll oder halb leer siehst, sagst und lebst.

Ob Du Fülle oder Leere wahrnimmst.

Ob Du dankst oder nicht dankst.

Dank oder Undank, **du** entscheidest.

Ich übergebe nun das Wort an **Jochen Mai**, der einen großartigen Artikel zum Thema geschrieben hat, aus dem ich auszugsweise zitieren darf.

Dankbarkeit: Wie sie Glück und Erfolg fördert

Die Empfehlung klingt wie ein Rat aus Omas Zeiten: Zeigen Sie mehr Dankbarkeit!
Und doch ist es das, wonach wir uns selbst oft sehnen: Anerkennung und Wertschätzung für Geleistetes, ein simples Danke für eine gute, großherzige Tat.

Doch geht es dabei nicht nur um tugendhafte Reziprozität wie es Wissenschaftler nennen würden - Dankbarkeit ist der beste und zugleich edelste Weg zu mehr Glück und Zufriedenheit. Ja sogar ein Schlüssel zum Erfolg. Das belegen gleich mehrere Studien...

Was ist Dankbarkeit?

Dankbarkeit ist mehr als ein simples „Dankeschön", wenn einem jemand einen Gefallen getan hat. „Bitte" und „Danke" zu sagen, ist in erster Linie höflich, ein Indiz für gute Manieren und eine solide Kinderstube.

Dankbarkeit ist eine Haltung, ein Lebensgefühl.

Historisch ist die Pflege der Dankbarkeit (englisch: Gratitude) eng mit der Religion verbunden.

Intensiv diskutiert wurde die Dankbarkeit aber auch später von zahlreichen Moralphilosophen, unter anderem von Adam Smith und seiner Theorie der ethischen Gefühle von 1759. Das systematische Studium der Dankbarkeit innerhalb der Psychologie begann allerdings erstaunlicherweise erst um das Jahr 2000.

Es war nur ein simples Experiment, das Robert Emmons und Michael McCullough 2003 entwarfen: Sie teilten ihre Probanden in zwei Gruppen ein:

Die einen ließen sie ein paar Minuten darüber nachsinnen, wofür sie in ihrem Leben dankbar sind.

Die anderen sollten einfach an irgendetwas denken.

Diese kurzen Reflexionsübungen wiederholten die Forscher jede Woche, ganze zehn Wochen lang. Doch das Ergebnis des Versuchs überraschte selbst die Wissenschaftler: Im Vergleich zur Kontrollgruppe zeigten die Dankbaren über den gesamten Zeitraum des Experiments...

...mehr Motivation,
...mehr Optimismus,
...bessere Gesundheitswerte und Immunabwehr.

Kurz: Die regelmäßigen, dankbaren Gedanken machten die Probanden glücklicher und gesünder. Oder wie es Robert Emmons selbst formuliert: "Dankbarkeit ist das Gefühl des Staunens und der Feier des Lebens." (Handbook of Positive Psychology, 2002)

Bestätigt wird das Ergebnis durch Untersuchungen eines Psychologenteams um Willibald Ruch von der Universität Zürich. Das Forscherteam teilte dazu 178 Erwachsene nach dem Zufallsprinzip in drei Gruppen ein.

Während die eine Gruppe über einen Zeitraum von zehn Wochen die Stärken Neugier, Dankbarkeit, Optimismus, Humor und Enthusiasmus trainierte, konzentrierte sich die andere Gruppe auf Eigenschaften wie Sinn für das Schöne, Kreativität, Freundlichkeit, Liebe zum Lernen und Weitsicht.

Die dritte Gruppe fungierte als Kontrollgruppe und hatte keinerlei Übungen zu absolvieren.

Auch hier zeigte sich: Wer Dankbarkeit trainiert hatte, zeichnet sich durch einen bedeutsamen Anstieg der Lebenszufriedenheit im Vergleich zur Kontrollgruppe aus. Dankbarkeit übten die Probanden beispielsweise, indem sie ein Dankschreiben an eine Person verfassten, die im eigenen Leben eine wichtige Rolle gespielt hat.

Die Psychologie-Professorin Sara Algoe von der Universität von North Carolina in Chapel Hill wiederum beobachtete frisch verliebte Paare zwei Wochen lang. Genauer gesagt ließ sie die Paare in diesen zwei Wochen ein Tagebuch schreiben, in dem diese abends festhalten sollten, ob sie…

…ihrem Partner an dem Tag etwas Gutes getan hatten, und wie sie sich dabei gefühlt hatten,

…ihr Partner ihnen selbst etwas Gutes getan hatte, und wie sie sich dabei gefühlt hatten,

…wie sie sich mit ihrem Partner an dem Tag verbunden fühlten und über die Partnerschaft dachten.

Resultat: Die Paare notierten, dass sie ihrem Partner zu 35 Prozent des Tages einen Gefallen taten oder zuvorkommend waren. Umgekehrt hatten sie zu 40 Prozent des Tages das Gefühl, ihr Liebster oder ihre Liebste würde mit ihnen genauso verfahren.

Und beide berichteten dabei jedes Mal über starke Gefühle der Dankbarkeit, und dass sie sich mit ihrem Partner besonders verbunden fühlten.

Die Männer – nebenbei bemerkt – sogar minimal mehr als die Frauen.

Wie unterschiedlich positiv Dankbarkeit auf die Gesundheit wirkt, zeigen weitere Studien:

Dankbarkeit stärkt das Herz.
Laut Studien sinkt dank der Haltung das Risiko für einen Herzinfarkt, die Herzfrequenzvariabilität erhöht sich, die Beschwerden von Patienten mit Herzinsuffizienz verringern sich.

Dankbarkeit hilft gegen Schlafstörungen.
Das wiederum ist das Ergebnis von Studien um Alex M. Wood von der Universität von Manchester, einem der weltweit renommiertesten Dankbarkeitsforscher. Sein Forscherteam konnte zeigen, dass Dankbare besser und tiefer schlafen und auch leichter einschlafen.
Kurz: Sie litten im Vergleich zu Kontrollgruppen signifikant weniger unter Schlafstörungen und waren dadurch insgesamt leistungsfähiger.

Dankbarkeit senkt Stress.
Dankbarkeit macht sogar resistenter gegenüber Stress. Das konnten Untersuchungen von Martin Seligman und Tracy Stehen von der Universität von Pennsylvania nachweisen.
Ihre - dankbaren - Probanden konnten so den empfundenen Stress reduzieren und zeigten sich auch widerstandsfähiger gegenüber psychischen Erkrankungen.

Dass Dankbarkeit sogar in der Therapie von Depressionen oder Angststörungen einen enormen Einfluss hat, ergaben im Jahr 2015 Studien von Forschern um Prathik Kini von der Universität von Indiana.

Sie ließen Patienten, die wegen Depressionen oder Angststörungen in professioneller Behandlung waren, dreimal pro Woche für 20 Minuten Briefe schreiben, in denen Sie den Empfängern ihre Dankbarkeit ausdrücken sollten. Drei Monate später wurden die Hirnscans dieser Patienten mit denen einer Kontrollgruppe verglichen.

Das Resultat war eindeutig.
Die Dankschreiben hatten bei den Patienten zahlreiche Gehirnregionen wie den Frontal-, den Parietal- und Hinterhauptlappen aktiviert - mehr Hirnaktivitäten als bei vielen anderen positiven Gefühlen.
Und je öfter und regelmäßiger die Probanden dieses Gefühl der Dankbarkeit übten und verinnerlichten, desto dauerhafter und intensiver veränderte es ihr Gehirn und gab ihnen ein (neues) positives Lebensgefühl.

Die insgesamt günstige Grundstimmung, die Dankbarkeit erzeugt, führe zu einem „Broaden-and-Built-Effekt", wie es Wissenschaftlerin Barbara Fredrickson nennt.

Kurz gesagt bedeutet der, dass gelebte Dankbarkeit immer weitere positive Effekte nach sich zieht.

Erfolgsschlüssel Dankbarkeit:
Der Schutz vor teurer Ungeduld
Lieber der Spatz in der Hand als die Taube auf dem Dach... Die meisten Menschen denken so und ziehen die sofortige Belohnung einer künftigen vor – selbst wenn diese größer ausfällt.

Deshalb fällt uns zum Beispiel Sparen so schwer und Konsum so leicht. Und deshalb sind wir auch so leicht zu verführen – sei es mit riskanten Aktiengeschäften an der Börse, mit ungesundem Essen oder sexuell mit einer Affäre trotz intakter Beziehung.

Die Instant-Lust obsiegt über die vernünftige Vorausschau.
Wissenschaftler beschäftigen sich schon seit vielen Jahren mit der Fähigkeit zur Selbstbeherrschung – oder wie es im Fachjargon heißt: der Fähigkeit zum Gratifikationsverzicht. Sie gilt als starkes Indiz für langfristigen Erfolg.

Es gibt allerdings noch einen weiteren inzwischen wissenschaftlich gesicherten Impfstoff gegen Versuchungen aller Art: Dankbarkeit.

Als zum Beispiel der Psychologe David DeSteno von der Northeastern Universität mit seinen Kollegen von der Universität von Kalifornien in Riverside und der Harvard Kennedy School dazu Studien anstellte, fanden die Forscher bald heraus:

Die Dankbaren unter ihren Probanden bewiesen mehr Geduld und waren auch bereit, auf Instantbelohnungen zu verzichten, was ihnen - nebenbei bemerkt - deutlich höhere Gewinne bescherte.

Sagen wir es, wie es ist:

Dankbarkeit ist ein Schlüssel zum Erfolg. Sie verbessert sowohl die Beziehungen zu anderen Menschen, wie auch unsere Einstellung und Motivation.

Leider - das muss man ebenso feststellen - verhält es sich mit der Dankbarkeit wie mit einem Muskel:
Wird sie nicht regelmäßig trainiert, erschlafft sie.

Wir Menschen neigen leider dazu, was wir schon haben, kaum noch wertzuschätzen. Wir werden sprichwörtlich blind für vorhandenen Reichtum.

Es ist wie mit der Gesundheit: Wie wertvoll sie ist und eben keine Selbstverständlichkeit, merken wir erst, wenn wir krank werden.

Umso wichtiger ist es, sich immer wieder bewusst zu machen, wofür wir dankbar sein können und sollten.

Denn dabei verändern wir auch uns.

Was DANKBARE Menschen glauben:

1. Jeder neue Tag ist ein Geschenk

2. Jeder ist gesegnet – nur jeder anders.

3. Jede Herausforderung ist auch eine Chance.

4. Fehler sind Teil des Lebens.

5. Man braucht viel weniger, um glücklich zu sein.

6. Vielen Menschen geht es schlechter als mir.

7. Das Leben selbst ist ein Geschenk.

Herzlichen Dank, Herr Mai!
Vieles mehr an Bedenkens- und Bedankenswertem
finden wir auf seiner Website
karrierebibel.de/dankbarkeit

Hindernisse der Dankbarkeit

Beim Lesen des belebenden Artikels von Jochen Mai kommt man so richtig in Dankeslaune, und es drängt sich die Frage auf, warum wir nicht viel öfter danken.

Im Moment des Dankens ist es kaum vorstellbar, nicht zu danken. Die Tugend der Dankbarkeit bedarf jedoch beständiger Übung, denn es gibt sowohl tausend Gründe zu danken als auch tausend Gründe nicht zu danken.

Gelegenheit zum Danke-Training bietet uns das Leben in Hülle und Fülle, Danke dafür!

Schauen wir uns einmal unsere Sparringpartner im täglichen Danke-Workout an. Es sind entzückende Spaßverderber-Monsterchen, denen wir voll Freude widerstehen dürfen:

1. Der Neid

beginnt im Gitterbett, geht nahtlos über in die Sandkiste und endet nicht einmal beim Grab.
Der Grund für dieses faszinierende Phänomen lässt sich mit vier Worten beschreiben:

Andere Menschen haben mehr.

Stimmt!

Mehr Geld, mehr Spaß, mehr Freunde, mehr vom Leben…

Na, und?

Andere Menschen haben mehr.

Mehr Sorgen, mehr Neider, mehr Enttäuschungen, mehr Hunger, mehr Krankheiten, mehr vom Leiden,…

Ein paar Dinge haben wir alle:
Eine Geburt, ein Leben, einen Tod.
Einen Willen, der unsere Aufmerksamkeit lenken kann. So oder so.

Du hast es in der Hand.
Dein Glück.
Deinen Dank.

Halb voll oder halb leer. Erinnern Sie sich noch?

Zum Schluss etwas ganz Liebes:
Neid ist die aufrichtigste Form der Anerkennung.

2. Der Ärger

hat eine große Kraft, den Fluss des Dankens zu unterbrechen.

Wir haben uns etwas vor-gestellt.

Und dann ist es anders ge-kommen.

Na, sowas!

Doch es gibt gute Nachrichten!
Oft kann man bald erkennen, dass es gut war, dass es anders gekommen ist.

Und beim nächsten Mal dürfen wir uns langsamer oder gar nicht ärgern und der Situation die Chance geben, einen erkennbaren Sinn zu zeigen.

Der Ärger jedoch ist schon ein spezieller Geselle, der nicht locker lässt. Er taucht gerne plötzlich (wieder) auf und will uns auf seine Seite ziehen.

Sein größter Feind ist der Friede des Herzens, der dankbar in sich ruht. Du darfst dich zwischen den beiden entscheiden:

Ich will, ich brauche, ich muss, sofort,…

oder:

Danke, schauen wir mal, cool bleiben, passt…

Lass den Ärger mit sich allein, är hat dich nicht gern. Finde immer neu den Frieden, auch durch Kämpfe hindurch, hin zum Danken.

Je stärker der Fluss des Dankes fließt, umso besser kann er Störungen überwinden. Mit dem richtigen Flow machen die Störungen geradezu Spaß, weil man in der Gewissheit wächst, dass diese Hindernisse überwunden werden können.

Wie sagte schon Theresa von Ávila:
Probleme?
Her damit!

3. Der Jammerer

kennt nur eine Freude: Jammern.

Ja, tatsächlich, der ganze Tag ist erfüllt mit Freude, weil es immer was zum Jammern gibt.

Wer bei dieser schönen Beschäftigung aus dem Vollen schöpfen will, wählt solide Themen wie
1. Wetter, 2. Essen, 3. Menschen,…

Ad 1.
„Ach, es ist so kalt, wann wird es endlich wieder Sommer…"
„Ach, es ist so heiß, wann wird es endlich wieder Winter…"

Ad 2.

Das Essen ist

zu salzig. (ungesund)

zu wenig gesalzen. (zu gesund)

zu warm. (Ich muss schwitzen)

zu kalt. (Ich muss frieren)

zu viel. (Völlegefühl)

zu wenig. (Leeregefühl)

gut. (Da werde ich dick)

schlecht. (Da verhungere ich) .... ∞

Ad 3.

„Oh, nein, in vier Monaten ist der Geburtstag von N. N., das ist ja nicht zum Aushalten. Ich werde mich wieder den ganzen Abend fadisieren..."

„Das gibt's doch nicht, in einer Woche ist der Geburtstag von N. N., und ich bin nicht eingeladen. Unfassbar, eine bodenlose Frechheit! Ich habe mich schon so darauf gefreut..."

Der Jammerer hat ein besonderes Talent, immer das eigene Leid vor allem anderen Leid zu sehen.

Sitzt er zum Beispiel in einem heißen Bus ist ihm sein eigenes Schwitzen derart am nächsten, dass ihn seine Nächsten in ebendiesem Bus, denen es viel schlechter ergeht, überhaupt nicht interessieren.

Entweder bemerkt er deren Leid nicht einmal, oder er findet tausend Gründe, warum das gleiche Leid für andere Menschen leichter zu ertragen ist.

Ein echter Jammerer lässt sich von nichts und niemandem seinen hart erkämpften Titel streitig machen: Biggest Leider ever.

Erstaunlicherweise sind Jammerer jedoch sehr genügsam, mit nur zwei Worten kann man Ihnen die größte Freude bereiten:
Du Ärmster.
Du Ärmste.

Weil Jammies auch gerne Eindruck schinden, gibt es hier ein paar wichtige Wortspenden, mit denen sie beim nächsten Anlass gute Chancen haben, endlich mal der/die Ärmste in der Runde zu sein:

Ach,
Oh, nein
Wahnsinnig schlecht
Oh, weh.
Aua, Aua
katastrophalfurchtentsetzlich
uga-uga
incroyable
uiuiui
saperlotti-kompotti
Bist du Teppich, mir geht's mies.

Danke?

Nie gehört.

4. Der Problemwälzer

ist jemand, der mit Vorliebe Probleme unter dem Aspekt seiner tiefen Betroffenheit wälzt. Am besten bei einem Glaserl Alk, einem Krebs-Stangerl oder ähnlich entbehrlichen Accessoires.

Ach, es ist alles sehr, sehr schwierig und sehr, sehr, sehr problematisch, weil irgendjemand oder irgendetwas mir Probleme bereitet. So weit, so gut.

Problemwälzer lieben Probleme, lassen wir sie daher am besten mit ihren Lieblingen allein. Es könnte nämlich als Aggression, Intoleranz, Gefühllosigkeit oder sonstiger Betroffenheits-Macher verstanden werden, sollte man das Unfassbare wagen: Problemlösungen anbieten.

Wie kannst du so grausam sein, das mir ans Herz gewachsene Problem kaltblütig zu eliminieren?

Dank ist für Problemwälzer ein Problem.
Ein schier unlösbares, denn:

Probleme werden zelebriert.
Lösungen sind Spielverderber und Spaßbremsen.
Das Problem ist tot, lang lebe das Problem.

Zutiefst bewegend ist in diesem Zusammenhang die wahre Geschichte eines Mannes, der im Lotto mehrere Millionen Euro gewann…

…und bei seinen Freunden über sein bitteres Schicksal klagte, nicht schon früher gewonnen zu haben.

Bleibt die Frage, warum er überhaupt noch Lotto gespielt hat…? Anyway, it is all sehr problematisch.

Problemwälzer lieben das Besondere, darum sei noch auf die **Reaktanz** verwiesen, Wälzen für Fortgeschrittene. Wiki, let's go:

Typisch für die Reaktanz ist eine Aufwertung der eliminierten Alternative, d. h. gerade diejenigen Freiheiten, die der Person genommen wurden, werden nun als besonders wichtig erlebt.

Die betroffene Handlungsmöglichkeit kann der Person zuvor völlig unwichtig gewesen sein. Im Extremfall hat die Person von dieser Handlungsmöglichkeit vor dem Eintreten der Beschränkung nie Gebrauch gemacht, übt die Handlung aber seit dem Eintreten der Einschränkung aus.

Reaktantes Verhalten besteht darin, solche Handlungen nun erst recht auszuführen. Auf diese Weise möchte sich die betroffene Person diese Freiheiten gleichsam zurückerobern (auch wenn dies ggf. gar nicht mehr möglich ist).

5. Die Gier

hat glasklare Vorstellungen:
Hier ist mein Wunsch, dieser Wunsch ist Befehl:
Dies oder das muss sofort her, dies oder das hat
augenblicklich zu geschehen.

Die gesunde Handbremse namens Danke wird trotzig ignoriert, the show must go on.

Immer mehr. Immer mehr. Immer. Mehr.

Satt wird man auf diese Weise nie.
Ist auch besser so, denn Weiter-Raffen und Weiter-Fressen wird dann erst möglich.
Die Pfauenfeder der alten Römer lässt grüßen.

Gierig verhungerst du mit vollem Bauch und leerem
Herzen.

Unersättlich verschlingst du dich selbst und die ganze Welt.

Dankbarkeit?

Wozu?

6. Der Träumer

träumt von einem Leben in vollkommener Freude hier auf Erden.

So weit so gut.

Eigentlich steht dem nur die Realität entgegen.

Dieses lästige Ding zu verdrängen, ist die tägliche, mühevolle Aufgabe des Träumers. Überaus segensarm vergeudet er seine Lebenszeit.

Dank sagen ist schlichtweg unmöglich, schließlich bekommt der Träumer ja nie, was er sich wünscht.

Auf eine Sinnesänderung angesprochen reagieren Träumer meist beleidigt, denn sie sind doch die letzten, die noch an das Gute im Menschen, das Paradies auf Erden und sonstige schöne Dinge glauben.

Lieber Träumer, ohne Fleiß kein Preis, ohne Entscheidung kein Weg, ohne Aufwachen kein Leben.

Denn dieses eine Leben bietet ständig konkrete Möglichkeiten.
Entscheide dich für eine.

Und bedanke dich dafür, dass du überhaupt etwas entscheiden darfst.

Was für eine Würde!

Nicht einfach Sklave der Instinkte und Gefühlchen, sondern Mitgestalter der Welt.

Erkenne **deine** einzigartige Berufung.
Sonst schwimmst du immer im Unbestimmten, bist immer unzufrieden und bedankst dich für nichts.

Wie viele andere auch, hat der Träumer ein großes Problem: die Erfüllung seines Wunsches.

Der Traum wird Wirklichkeit.

Du wolltest es unbedingt anders, jetzt hast du es. Schon bemerkt?

Ist es jedoch nun wirklich besser?
Wenn ja, dann danke.

Die Gedanken sind frei. Nütze diese Chance.
Gedanken drängen aber auch zum Wort, das Wort drängt zur Tat.

Statt dein Leben nur zu träumen, kannst du stückweise deinen Traum leben. Ohne daraus gleich einen Götzen zu machen oder in Allmachtsphantasien in Bezug auf deine Vorstellungskraft abzugleiten.

„Ich muss es mir in Gedanken nur ganz genau ausmalen, dann wird es wahr."

Doch Vorsicht dabei:

Genau dies ist auch das Lebensmotto aller Ideologen und Tyrannen, die das Leben von Millionen Menschen zum Albtraum gemacht haben.

„Es muss doch das geben, wovon wir träumen."
Muss nicht.
Danke, dass der Traum vom Tausendjährigen Reich nicht wahr geworden ist.
Zwölf Jahre waren schlimm genug.

Für dich selbst ist es schlimm genug, wenn du dein Leben vor lauter unerfüllbarer Träume nur mehr im Snooze-Modus verbringst.

Snooze?
Schlummern, dösen.

Millionen große und kleine Menschen snoozen vor großen und kleinen Bildschirmen und leben **ihr** Leben nicht. Packen ihre Seele voll mit vergänglichen Geschöpfen und Dingen, so dass kein Platz mehr für sie selbst bleibt.

Noch nie in der Geschichte der Menschheit gab es so viele Bilder, die jederzeit verfügbar sind.
Zum entspannten Träumen einladen.
Und dich ins Kopfkino-Gefängnis sperren.

Nein, ich brauche kein Bilder-Buch und träume mir aus allen Stars mein Leben zusammen.
Niemand hat alle Damen aus dem Playboy.

Willkommen in der Realität, die ist oft besser als ihr Ruf.

Die konkreten, täglichen Aufgaben dürfen wir also gewissenhaft erfüllen, auch Kleinkram will erledigt sein.

Niemand kommt da drum herum. Punkt.

Konkrete Fragen und Aufgaben können wir getrost abschließen, weil dann geht es erst richtig los.
Wo die vergänglichen aufhören, fangen die wahrhaft großen Dinge an.

Hallo, lieber Träumer, zum Abschluss habe ich noch ein paar schöne Sprüche für Dein Lebens-Buch:

„Am besten geht es mir, wenn es mir nicht ganz gut geht." Franz von Sales

„Das schwerste Kreuz ist die Flucht vor dem Kreuz." Jean-Marie Vianney

„Es gibt viel zu tun. Fangt schon mal an!" T. Räumer

„Liebe muss wehtun." Mutter Teresa

„Per aspera ad astra." Seneca
„Durch das Raue zu den Sternen"

„Es gibt viel zu tun – Packen wir's an!" B. Builder

7. Der Kämpfer

Das Leben ist ein Kampf, Jeder gegen Jeden.
Der Kämpfer übersieht dabei meist, dass das Leben auch Geschenk ist. Dass das Leben auch schön ist.

Unverdrossen kämpft er für sich und seine Rechte und Vorteile. Manchmal auch für seine Lieben, Betonung auf seine.

Wem sollte er danken?

Sich selbst.
Großzügig wie er eben ist, überlässt er jedoch sogar die Danksagung den Anderen.

Sollte die mal ausbleiben, wird mit Nachdruck darauf hingewiesen, dass Dankbarkeit nur dem, also ihm, gebührt, der durch seinen unfassbaren Einsatz nahezu das gesamte Universum am Laufen hält.
Und der daher unmöglich selbst danken kann.

Folgerichtig wird sogar der Tod als letzter Kampf inszeniert, den er so tapfer verloren hat, dass von Niederlage keine Rede sein kann. Das Begräbnis wird als Heiligsprechung inszeniert, denn der Himmel schuldet dem Kämpfer unermesslichen Dank dafür, dass er ihn nun endlich aufnehmen darf.

Am Grabstein stehen schließlich die letzten Dankesworte der tieftrauernden Hinterbliebenen:
Er kämpfte für sein Ego, wir waren für ihn Lego.

8. Bequemlichkeit

Ich war im tiefsten Grund meiner Seele immer schon ein Mensch, der unnötigen Anstrengungen aus dem Weg geht.

Das ist an sich nichts Schlechtes, sondern ein Gebot der Vernunft. Die Frage bleibt jedoch, wie man dieses sinnvolle Ziel erreichen will.

Billige Faulheit geht jeder Anstrengung aus dem Weg und muss sich nachher meist noch mehr anstrengen.

Beispiel Schneeschaufeln:
Dies ist eine Beschäftigung, die vielen Menschen nur streng limitierten Spaß bereitet. Als Jugendlicher wollte ich unnötigen Anstrengungen aus dem Weg gehen, indem ich sie generell vor mir herschob. Beim Schneeschieben hieß das, jetzt mal auf jeden Fall nicht schaufeln, dann schauen wir mal.

Irrtum!
Man erspart sich mit diesem genialen Plan genau gar keine Zeit, sondern darf nachher, wenn der Schnee schön festgetreten ist, umso länger arbeiten. Als erschwerend kommt der Ärger hinzu, der einen im Minutentakt daran erinnert, dass vorher alles viel leichter gewesen wäre.

Unterm Strich also ein menschenunwürdiges Verhalten, mit dem man sich selbst zum Sklaven von Lust und Laune macht.

Milliarden Menschen träumen davon, nach dem Motto leben zu können: „Ich tue nur das, was mir Spaß macht und mich keine Anstrengung kostet."

Moderne, freiwillige Sklaven, die ihre Menschenwürde-Gimmicks namens Wille und Verstand gegen ein paar rostige Handschellen namens Lust und Laune eintauschen.

Die nie Danke sagen, weil sie nie zufrieden sind.

Rastlos auf der Suche nach etwas, das es nicht gibt.

Ganz schön anstrengend...

...diese Flucht vor der Anstrengung.

Erstaunlicherweise gibt es dann auch noch Menschen, die zwischen den Extremen hin- und herschwanken. Heute bequem, morgen Kämpfer, übermorgen wieder bequem.

Ein Beispiel:

Jede(r) kann heute auf YouTube aller Welt präsentieren, wie er/sie innerhalb von läppischen zwei Monaten satte dreißig Kilo abgenommen hat.
Wow. Wie toll. Staun.

Und?

Am Höhepunkt des Erfolgs nicht Danke sagen, und schon steigt die Leere auf. Dieses ständige Schlanksein ist halt auch nicht so das Gelbe vom Ei.
Da bekommt man doch gleich wieder Appetit...

Dann wollen wir mal fressen, welch großartige Abwechslung. Und ein Video drehen.

So wurde ich innerhalb von zwei Monaten wieder dreißig Kilo voluminöser. Wow, wie toll, etc.

Wie es weitergeht wissen wir. Das zweite oder dritte Video sehen immer weniger an, denn irgendwann ist selbst fit-fat-fit-fat...ausgereizt.

Immerhin können bequeme Kämpfer dann noch die Themen wechseln, z.B. statt ums Essen geht es dann ums Trinken. Wow, wiiiie toll, gähn,...
Manche meinen dazu: Kein Alkohol ist auch keine Lösung. Tatsächlich sind diese netten Worte aber auch nur billige Saufbegründung.

9. Der Egomane

liest ein Buch wie dieses, findet es schlecht und bedankt sich trotzdem überschwänglich beim Autor. Warum?

Nun, da gibt es mehrere Möglichkeiten:

Vielleicht hat der Autor Einfluss auf sein Leben. Dann schnell mal danken, um den eigenen Einfluss auf den Einflusshabenden aufrecht zu erhalten.

Vielleicht tut ihm der mickrige Autor auch nur leid, und als aufrechter Gutmensch kann der Egomane nun sein ach so großes Einfühlungsvermögen mit Versagern vor aller Welt stolz präsentieren.

Dank ohne Dankbarkeit ist schnell durchschaut, er ist glatte Lüge. Man nennt dies auch Schleimerei, Vereinnahmung, Heuchelei, Manipulation,…

Wer selbst im aufrichtigen Danken geübt ist, der durchschaut falsche Dankesreden immer besser.

Dankbarkeit ist im tiefsten Grund selbstlos.
Schließlich geht es um den anderen, dem wir aus frohem Herzen Dank sagen wollen und dürfen.

10. Die Leere

Ich habe schon oft die berühmt-berüchtigte Situation erlebt, wenn ein Wunsch in Erfüllung geht. Ein Ziel wird endlich erreicht, auf das man lange Zeit unter großen Mühen hingearbeitet hat. Alles roger?

Mitnichten, denn jetzt müsste man eigentlich zufrieden sein. Viele Menschen drücken das in einem gewaltigen Jubelgeschrei aus, das dem Hirn zu sagen scheint, dass es sofort die Klappe halten soll, weil jetzt das Tier in dir seinen großen Auftritt hat.

Den ersten Jubelschreien folgen noch ein paar Nachbeben, danach werden stammelnd die ersten Worte formuliert: „Ich kann es noch gar nicht fassen, ein Wahnsinn, meine Gefühle gehen mit mir Gassi, etc."

Und irgendwann kommt der Flash:
Das kann doch noch nicht alles gewesen sein.

Von der Grundlinie bis zum Netz dauerte laut Aussage eines Tennisstars seine Freude über ein gewonnenes Match. Nach dem Olympiasieg sei plötzlich eine große Leere in ihm aufgestiegen, sagte der Skispringer. In einem Stadion mit hunderttausend ihm zujubelnden Menschen habe er sich oft einsam und leer gefühlt, gestand der Rocksänger.

Schon als Jugendlicher haben mich die Geschichten beeindruckt, in denen Menschen alles erreichen und ausgerechnet damit vor einem Problem stehen.

War es bisher meine erklärte Absicht gewesen, auch einmal reich, schön, erfolgreich, usw., usf. zu sein, so machten mich diese Berichte stutzig.

Das gibt's doch nicht, der hat doch alles, und jetzt ist er erst recht nicht glücklich.

Bald ging mir auch auf, dass mein eigentliches Ziel das Glücklich sein war und nicht das, was ich unbewusst damit gleichgesetzt hatte.

Sollte mich reich, schön, erfolgreich, usw., usf. sein, nicht glücklich machen, dann konnte ich getrost darauf verzichten.

Oh, da weht ja plötzlich ein neuer Wind und bringt Frischluft in die muffigen Gedankengänge.

In meinem ersten Buch habe ich versucht, zu verdeutlichen, dass uns weltliche Dinge nicht helfen können, die Herausforderung von Leere und Langeweile zu meistern. Wer tausend Mal mit seinen Vorstellungen in der Sackgasse gelandet ist, tut gut daran, mal einen anderen Weg zu probieren.

Und siehe da, Freiheit und Freude kommen in Reichweite.

Starten wir die Revolution, hier und jetzt, let's roll:

Die Leere, die sich oft gerade dann einstellt, wenn alle Wünsche erfüllt sind, ist ein Hinweis darauf, Dank zu sagen.

Leere als Hinweis.
Nicht Leere als Ende von allem.

Leere als Helfer zum Dank.
Nicht Leere als Antrieb der Verzweiflung.

Leere voller Sinn.
Nicht Leere als Inbegriff der Sinnlosigkeit.

Leere als Erinnerung an Dank.
Und schließlich sogar Dank für Leere.

Woher kommt die Leere?

Häufig von erfüllten Wünschen.
Na, dann mal Danke sagen.

Nichts heißt ja auch oft, dass ein Problem nicht mehr da ist. Also Danke für das Nichts.

Eine leere To-do-Liste.
Danke.

Ein leerer Terminplan.
Danke.

Eine leere Wunschliste.
Danke.

Habe keine Angst vor der Leere.
Freue dich darüber.

Du brauchst das Nichts aber auch nicht ängstlich weg-danken, es hat einen Wert in sich.

Alle großen Dinge entstehen aus dem Nichts.
Das Weltall zum Beispiel.
Die Auferstehung.
Die Stille.
Das Zu sich selbst Kommen.

Beeindruckt haben mich aber auch die Geschichten von Menschen, die große Ziele erreichten und damit anscheinend kein Problem hatten.
Warum wird jemand fünf Mal Weltmeister, während dem anderen schon ein Titel Überdruss oder Probleme beschert?

Warum hört jemand am scheinbaren Höhepunkt seiner Karriere nicht auf, sondern beginnt voll Eifer gleichsam noch mal von vorn?

Warum eilen die einen von Frust zu Frust, während andere von Freude zu Freude marschieren, trotz aller Höhen und Tiefen, die keinem Menschen erspart bleiben?

Ich persönlich war zutiefst überrascht, welche Wirkung in diesen besonderen Momenten das Wort Danke hatte.
Es ist alles gut, na ja, dann sagen wir mal Danke.
Gar nicht so abwegig.

So versuche ich, jeden Tag der unnötigen Anstrengung aus dem Weg zu gehen, die damit verbunden ist, wenn ich nicht gleich danke.

Und sage lieber einmal Danke als einmal nicht.
Weil es ein Zuviel an Dank nicht geben kann.

Nicht die Glücklichen sind dankbar.
Es sind die Dankbaren, die glücklich sind.
Francis Bacon

11. Die Angst

macht das Leben eng.
Ängste, Blockaden,... sind oft nicht mehr als Illusion.

Erfreuliche Worte zum Thema können helfen:

Wenn du zehn Probleme die Straße runter auf dich zukommen siehst, kannst du sicher sein, dass neun davon im Graben landen bevor sie dich erreichen.
Calvin Coolidge

Jegliche Furcht rührt daher, dass wir etwas lieben.
Thomas von Aquin

Wer nicht täglich seine Furcht überwindet, hat die Lektion des Lebens nicht gelernt.
Ralph Waldo Emerson

Alle Ängstlichkeit kommt vom Teufel.
Der Mut und die Freudigkeit ist von Gott.
Novalis

Das ganze Unglück der Menschen rührt daher, dass sie nicht ruhig in einem Zimmer bleiben können.
Blaise Pascal.

Keep calm and thank. Bleib ruhig und danke.
Und lass die Angst vorübergehen.

12. Der Rausch

An dem Punkt, an dem Dank sich förmlich auf-
drängt, weil einfach alles passt, kippen nicht wenige
Menschen in den Rauschzustand.
Sie halten es nämlich nicht aus, dass alles passt.

Der lang erkämpfte Sieg bei einem Sportevent.
Jubel, Freude, Euphorie,…
…Saufen, Fressen, Hirnabschaltung, etc.

Wer braucht eigentlich noch Alkohol oder sonstigen
Klimbim, wenn man im Rausch der Gefühle sowieso
schon abhebt?
Wenn da noch was dazukommt, wird das Ereignis
bis übers Limit aufgeladen, so dass es nicht mehr
auszuhalten ist.

Erstaunlich schnell kippt dann die Über-drüber
Stimmung in das genaue Gegenteil.
Und verhindert weitere Erfolge, weil man diese Ach-
terbahn der Gefühle nicht noch einmal erleben will.

An diesem Punkt entscheidet sich, ob du Champion
oder Eintagsfliege bist. Der Champion sagt Danke
und geht fröhlich weiter. Bon Jovi z. B. haben sich
eine Auszeit gegönnt, um den Erfolg verarbeiten zu
können. Und sind auch daher bis heute erfolgreich.

13. Der Perfektionist

sucht immer nach Zuständen, die nicht existieren.
Dies ist der perfekte Weg zu perfektem Frust.

Perfektionisten träumen zum Beispiel von einem
perfekten Tag.
Schön.

Denke dir einfach mal den perfekten Tag aus.
Und das jeden Tag.
Ganz schön anstrengend.

Danke, dass ich nicht alles weiß, nicht alles kann,
nicht alles meiner Vorstellung von Perfektion ent-
spricht.

Die schönsten Geschöpfe, Naturerlebnisse, Ereignis-
se rufen dir zu: „Wir sind es nicht."
Danke, dass es da immer noch mehr, immer noch
Höheres gibt.
Kein Mensch auf dieser Welt ist vollkommen glück-
lich, keiner hat auch nur einen echt perfekten Tag.

Wie befreiend und erfreulich, danke sehr!

Vergiss den Götzen VGS (auch DPL genannt), ein
Monster der Extraklasse, das alle auffrisst, die ihm
die Hand reichen.

VGS?   DPL?

„Vollkommen Glücklich Sein" =
„Das Perfekte Leben"

Jeden Tag vollkommen zufrieden ohne die geringste Anstrengung. Mit diesem Ziel vor Augen ist dein Leben beendet.

Menschen, die so programmiert sind, erkennt man an Sätzen wie:
Es war schon toll, ABER…
Schatz, ich liebe Dich, ABER…

Das eigentliche Problem des Perfektionisten ist, dass er nicht danken will. Im Perfektionismus hat er die perfekte Spielwiese für seine Dankverweigerung gefunden. Wohl wissend, dass es immer was zum Meckern gibt, spart er sich genüsslich jeden Dank.

Wach mal auf, Herr Supergescheiti, mit den superdummen Wunschvorstellungen. Und Du gleich dazu, Fräulein Pipifein, im Dauer-Drama-Modus.

Dein Partner ist nicht perfekt.
Du auch nicht.
Kein Mensch ist es.
Danke.

Dein Leben hat noch Luft nach oben. Danke!

14. Der Shoppingfreak

Realität ohne Dank ist leer.
Viele versuchen, sie mit Dingen zu füllen.

Geht natürlich nicht.
Was nun?
Noch mehr Dinge.

Kaufrausch nennt man das.
Durchgedrehtes Immer-wieder-dasselbe-Falsche-
Denken-Reden-und-Tun.
Das dadurch nicht richtig wird.

Sag einfach mal Danke. Für das, was du hast.

15. Der Kurzzeit-Danker

„Aber natürlich bedanke ich mich...!"
Tja, aber Dank bedeutet auch, das Bitte-Sagen für
geraume Zeit einzustellen. Einfach mal da sein und
im Dank verweilen.

Das Geschenk freudig betrachten und nicht gleich
das nächste fordern.
Den Abend ausklingen lassen in Zufriedenheit…

16. Der Maßlose

hat kein Verständnis dafür, dass Rom nicht an einem Tag gebaut wurde. Er möchte es in einer Stunde erbauen.

Geht nicht. Na, dann mal ärgern.
Über Zeit, Raum, Sein, Nichtsein, Maß, Gras, Das,…

Oder sich einschließen in der Vergangenheit: Ach, hätte ich doch damals, dann wäre jetzt alles gut. So aber ist nun alles für immer schlecht…

Unsinn!
Dein Jetzt ist die Vergangenheit von morgen, heute beginnt dein Gestern.

Schau doch, was sich schon alles verbessert hat. Freue dich, dass die Dinge sehr wohl weitergehen, wenn du bewusst und in Liebe lebst.
Aber eben in der rechten Geschwindigkeit.
Auch der Bauer wartet geduldig auf die Ernte.
Mach es genauso. Und finde Frieden im Danken.

17. Der Stolze (Eitle, Eingebildete, Hochmütige,…)
bedankt sich grundsätzlich nicht.

Der Tod
ist das wohl größte Hindernis des Dankes.

Warum sollte ich mich bedanken, wenn alle Mühe, alles Streben, ja, einfach Alles am Ende doch vom Tod verschlungen wird?

Viel besser wäre da wohl ein Leben ohne Tod, am besten gleich hier auf Erden.

Interessant finde ich die Erzählung vom Menschen, dem dieser Wunsch tatsächlich erfüllt wird.

Er ist zunächst voller Freude, denn jetzt ist er die größte Sorge seines Lebens endlich los. Gemütlich kann er zuschauen, wie rund um ihn alles stirbt, ihm kann das ja nicht passieren.

Doch schön langsam dämmert ihm die Last des Lebens ohne Tod. Die Tage werden lang, endlos lang. Nichts hat mehr Bedeutung, alles schwimmt dahin. Es fehlen Anfang und Ende.

Am Schluss dieses Einerlei-Marathonlaufs wünscht er sich nur noch Eines: Sterben dürfen.

Dein Leben läuft direkt in den Tod hinein.

Resümee der Hindernisse

Das waren im Zeitraffer einige Hürden des Dankes.
Ich bin überzeugt, dass sie überwunden werden
können. Mit Ausdauer, Intelligenz, Humor,…

Learning by doing.

Was Entspannung ist, lernt man, indem man sich
entspannt.
Was Dankbarkeit ist, lernt man indem man dankt.

Beharrlichkeit führt zum Ziel.
Beharrliches Danken führt zur Dankbarkeit.
Just do it.

Wenn der Wunsch erfüllt ist, scheint er (plötzlich) eh
nichts Besonderes mehr zu sein.

Na, dann, schnell mal danken.
Damit das Geschenk ganz und für immer dir gehört,
gleichsam versiegelt ist.

Damit Platz frei wird für neue, gute Wünsche.

Und einfach weil es richtig ist und den Wert des
Ereignisses oder Dinges in Erinnerung ruft.

Wenn Sie es als Dankes-Skeptiker tatsächlich bis zu dieser Buchseite geschafft haben, darf ich Ihnen zur Belohnung eine frohe Botschaft übermitteln:

Sie müssen nicht Danke sagen.

Nie.

Nichts.

Null.

Es finden sich immer ein Grund, zwei Gründe, tausend Gründe, warum Sie nicht danken:

Schreiben Sie diese einfach mal auf:

Von Dank umgeben

Danken ist natürlich.

Einfach.

Und nahe-liegend.

Wir sind schon mitten drin in einem Wunder, über das wir staunen dürfen.
Unsere Umgebung hat tatsächlich Einiges zu bieten:

Das was von den Astronomen am Anfang des letzten Jahrhunderts im Universum mit den ersten Teleskopen für Gaswolken gehalten wurde, entpuppte sich durch den Einsatz von immer leistungsfähigeren Teleskopen als riesige Galaxien.

Unsere Galaxie, die Milchstraße besteht aus mehr als hundert Milliarden von Sternen.
Um unsere Milchstraße zu durchqueren bräuchte man, wenn man mit Lichtgeschwindigkeit reisen würde, mehr als 100.000 Jahre.

Sie werden denken, das ist riesig, und dennoch ist das erst der Anfang des Universums. Im sichtbaren Universum gibt es schätzungsweise mehr als 10 Milliarden Galaxien. Jede Galaxie besteht wiederum aus mehreren Milliarden von Sternen.

Das Universum ist unvorstellbar groß mit einer riesigen Anzahl an Sternen.

Wenn Sie sich allerdings an irgendeinem Punkt des Universums befinden würden, kämen Sie sich ziemlich verlassen vor.

Die durchschnittliche Entfernung von Sternen wird auf ca. 60 Billionen Kilometer geschätzt. Obwohl die Sterne so weit voneinander entfernt liegen, bilden Sie in einer Galaxie ein strukturiertes, geordnetes Sternenbild.

Genauso verhält es sich mit den Galaxien untereinander, die wiederum miteinander verknüpft sind. Ebenso verhält es sich in unserem Sonnensystem.

Die Sonne bildet den Mittelpunkt, um den unsere Erde, der Mond und andere Planeten in einer faszinierenden Genauigkeit und klaren Ordnung zueinander kreisen.

Mit 107.233 km/h bewegt sich unsere Erde um die Sonne, den Feuerball, der glüht und doch nicht verglüht.

Astronomen bewundern immer wieder die perfekte systematische Anordnung von galaktischen Haufen, Sternen und Sonnen, die alle in Bewegung sind und dennoch in einer klaren Ordnung und exakt abgestimmten Laufbahnen zu einander stehen.

Wie ein Uhrwerk, in dem sich alle Teile wild durcheinander drehen und dennoch ein sinnvolles Ganzes ergeben.

Alles ist so perfekt aufeinander abgestimmt, dass wir die Bewegungen der Sterne als Grundlage für unsere Zeiteinteilung nehmen können. Alles im Universum unterliegt klaren physikalischen Gesetzmäßigkeiten, die irgendwo her stammen müssen.

Ohne einen Gesetzgeber gibt es kein Gesetz. Irgendetwas muss den Sternen Ihre Laufbahn angewiesen haben.
Aus unseren Erfahrungen können wir schließen, dass keine sinnvolle Ordnung aus Zufall entstehen kann.

Das Uhrwerk in Ihrer Uhr ist nicht durch Zufall entstanden. Es ist das Ergebnis von Intelligenz, Wille, Planung und Umsetzung.

Text gefunden auf: www.wo-ist-gott.info

Aufbruch

Jeder Mensch ist zu Höherem berufen, jeder Mensch ist frei, diesem Ruf zu folgen, jeder Mensch muss konkrete Schritte setzen, damit er dem Ziel näher kommt.

Buchstäblich No-Gos auf dem Lebensweg sind:
Nicht gehen.
Ein bisschen gehen.
Zu viel auf einmal gehen.

Die Goldene Regel auf dem Lebensweg lautet:
Mäßig aber regelmäßig.

Ein Ziel haben.
Täglich, stündlich, möglichst oft
Schritte daraufhin setzen.

Wenn es schwierig wird, dranbleiben.
Wenn es gut läuft, dranbleiben.

Calvin Coolidge wusste das:
Nichts auf der Welt geht über Beharrlichkeit. Talent nicht – es wimmelt von gescheiterten Existenzen mit Talent. Genie nicht – das verkannte Genie wurde zum Begriff. Erziehung nicht – allerorten finden sich gut erzogene Versager. Zielstrebigkeit und Ausdauer alleine verbürgen den Erfolg.

Kein Mensch wurde jemals für das geehrt, was er bekommen hat. Ehre war die Vergütung für das, was er gegeben hat.

Wir können nicht alles auf einmal machen, aber wir können etwas auf einmal machen.

Die Erde als Heimat des Menschen im unendlich großen Weltall schenkt uns viele, schöne Einladungen zum Gehen und Danksagen. **Bischof Reinhold Stecher** hat dies eindrucksvoll beschrieben:

Beim Resümee eines schönen Wandertages darf man sich sicher über eine gewisse Leistung freuen, über gesammelte Fotomotive und menschliche Begegnungen.

Aber im Tiefsten hat man doch Welt und Schöpfung als Geschenk erlebt. Man erlebt Vieles als Geschenk und einer letzten „Machbarkeit" entzogen: eine geglückte Beziehung, ein gesundes Kind, eine berührende Melodie, das passende Wort, den guten Einfall.

Naturschönheit erfährt man auch als Geschenk, als nicht machbar, manipulierbar, konstruierbar. Und wir stehen vor ihr als kleiner Mensch, der alle Arroganz einer Leistungs- und Erfolgsgesellschaft abstreift.

Und wenn man beschenkt wird, dann muss man danken. Und es erhebt sich die Frage: Wem?

Es geht mir so ähnlich wie mit diesem Bischofsring. Ich habe ihn eines Tages zugeschickt bekommen, anonym, von einem Goldschmied irgendwo in Deutschland. Er hat ein Buch von mir gelesen und mir den Ring geschickt.

Ich möchte gerne danken, aber ich habe keine Adresse.

Auch das Dankbedürfnis vor der Natur sucht nach einer Adresse.

Ein Kosmos?

Ein Naturgesetz?

Eine Evolution?

Ein Chaos oder ein Zufall?

Eine unendliche Serie von Zufällen?

Ein Universum?

Eine Materie mit wunderbaren Gesetzen der Entfaltung und der Zerstörung?

Ein Schicksal?
Man tut sich wirklich schwer mit einem Dank an ein „Es", ein unpersönliches, totes „Es".
Der Dank drängt zum Du.

Der große französische Denker Blaise Pascal, der ja ein Genie in Mathematik war, hat einmal geschrieben:

„Es ist das größte Unglück des Atheisten, dass er nicht weiß, wem er danken soll."

Ich weiß, dass in unserer Zeit Glauben können für viele nicht einfach ist, und ich weiß auch, dass die Rede von dem, das hinter allen Dingen steht, von Gott, nicht schulmeisterlich-aufdringlich sein darf.

Aber das habe ich von den Wegen durch Bergwälder und weite Almweiden, unter schweigenden Wänden und an fröhlichen Bächen vorbei, in den Morgenstunden mit dem Reif an den jungen Bäumen und in den Abenden mit den vielen Blaustufen in den Bergkulissen gelernt:
Die Bergwelt spricht in einer vornehmen, diskreten, aber eindringlich-wuchtigen Sprache von dem, der hinter ihr haust.

Und wer diese Sprache hört und erfasst, dem erschließt sich der größte Reichtum des wandernden Menschen.

Gott.

Als Schöpfer aller Dinge ist er der erste Adressat des Dankes. Doch der Mensch tut sich (immer wieder) schwer mit Gott.

Aurelius Augustinus hat seine Suche nach dem Allerhöchsten eindrucksvoll geschildert:

Ich fragte die Erde, und sie sagte: „Ich bin es nicht." Und alles, was in ihr ist, legte mir das gleiche Bekenntnis ab. Ich fragte das Meer und die Abgründe und die kriechenden Tiere. Sie erwiderten: „Wir sind nicht dein Gott; suche oberhalb unser."
Ich fragte die wehenden Winde, und das ganze Gefilde der Lust mit seinen Bewohnern sagte mir: „Anaximenes täuscht sich, wir sind nicht Gott."

Ich fragte den Himmel, die Sonne, den Mond, die Sterne: „Auch wir sind nicht Gott, den du suchst", antworteten sie. Ich wandte mich an alle Dinge, die vor den Türen meines Leibes stehen: „Redet mir von meinem Gott, der ihr nicht seid, sagt mir etwas über ihn." Da riefen sie mit lauter Stimme: „Er hat uns gemacht."

Meine Frage ist mein gespannter Blick auf sie, sie aber antworten mit ihrer Schönheit.
Da wandte ich mich mir selbst zu und fragte mich: „Wer bist nun Du?" Die Antwort war: „Mensch".

Ein Leib und eine Seele in mir stehen mir zur Verfügung, der eine außen, die andere innen. Welches von beiden hatte ich nach meinem Gott zu fragen, den ich bereits mit dem Leib von der Erde bis zum Himmel gesucht hatte, soweit ich nur meiner Augen Strahlen hatte aussenden können?

Also besser das Innere. Ihm hatten ja alle leiblichen Boten Meldung erstattet, als dem zuständigen Richter über alle Antworten des Himmels, der Erde und all ihrer Bewohner, wenn sie sagten: „Nicht wir sind Gott", und: „Er hat uns gemacht."

Der innere Mensch hat dies durch den Dienst des äußern erkannt. Ich, der Innere, habe es erkannt, ich, ich als Geist durch die Sinne meines Leibes.

Ich habe die Masse Welt über meinen Gott befragt, und sie antwortete mir: „Nicht ich bin's, doch geschaffen hat er mich…"

Groß bist du, Herr, und überaus lobwürdig; groß ist deine Stärke und unermesslich deine Weisheit.

Und loben will dich der Mensch, der selbst ein Teilchen deiner Schöpfung ist, der Mensch, der seine Sterblichkeit mit sich herumträgt und in ihr das Zeugnis seiner Sündhaftigkeit und das Zeugnis, dass du den Stolzen widerstehst.

Und dennoch will er dich loben, der Mensch, der selbst ein Teilchen deiner Schöpfung ist.

Du treibst uns an, so dass wir mit Freuden dich loben, denn du hast uns auf dich hin geschaffen, und ruhelos ist unser Herz, bis es ruht in dir.

Mein eigener Aufbruch

Ich selbst stamme aus einer gläubigen Familie und durchlebte eine typische katholische „Kinderkarriere". Mit etwa dreizehn Jahren kam dann der ebenso klassische Aufstand gegen die Erwachsenenwelt, auch in Bezug auf alle religiösen Traditionen. Das bedeutete bei mir, einmal im Jahr eine Kirche von innen zu sehen und mich vom katholischen Religionsunterricht abzumelden. Die Firmung ging an mir spurlos vorüber, das einzig Wichtige in meinem Leben war die Suche nach Spaß.

In den langen Sommerferien nach dem Abschluss des Gymnasiums hatte ich Zeit, mein bisheriges Leben zu überdenken, und ich spürte eine große Sehnsucht nach einem „Mehr" als dem bisher Erlebten. Meine Beziehung zu Gott beschränkte sich damals auf einige kurze Gebete, aber es erschien mir zu anstrengend und zu uninteressant, Ihm einen gebührenden Platz in meinem Leben einzuräumen. Die weltlichen Vergnügungen hatte ich ausreichend ausprobiert, aber wirklich glücklich hatte mich das alles nicht gemacht.

In dieser Zeit kam mir immer wieder ein Gedanke, der wohl etwas seltsam anmutet, aber schlussendlich die entscheidende Wende in meinem Leben bewirkte:

„Es mag schon sein, dass dir sehr Vieles, was mit Religion zusammenhängt langweilig, mühsam oder geradezu lächerlich erscheint, aber ist das, was du bisher gemacht hast, nicht noch viel langweiliger?"

Es war eine Befreiung: Die Suche nach dem Paradies auf Erden konnte ich getrost aufgeben und so Schritt für Schritt in eine aufregend neue Welt hineingehen.

Nie würde ich mein altes Leben zurückhaben wollen, ich bin unendlich dankbar, dass meine Jugendzeit auf diese Weise zu Ende ging. Die wahre Freude habe ich innen, nicht außen gefunden.

Oftmals durfte ich erleben:
Danken ist Übungssache, Danken kann man lernen.
Lernen bedeutet Anstrengung, Lernen bedeutet Freude.

So dürfen wir voranschreiten im frohen Dank an den Geber aller Gaben.

In immer schwierigeren Situationen.
Zur vollkommenen Freude.

Eine Hilfe können uns dabei Menschen sein, die in großen Schwierigkeiten gereift sind.
Sie sind Vorbilder beim

Danken für Fortgeschrittene

Als ich noch Tennis spielte, gab es zum ersten Mal in der Geschichte Österreichs einen Weltklassetopspinner: **Thomas Muster**.

Seinen Werdegang konnte das ganze Land mitverfolgen, mir gefiel am besten, dass der gute Tom nicht besonders talentiert war. Aber mit viel Fleiß und Mut hatte er es so weit gebracht wie keines der unzähligen Supertalente, denen meist nur ein bisschen Glück fehlte…

Mitten drin im großen Tennis-Geschehen ein Name in Rot-Weiß-Rot.
Erfreulich.

Doch dann der Schock: Muster wurde angefahren, und am Knie schwer verletzt. Dass ausgerechnet ein betrunkener Autofahrer die Märchengeschichte vom fleißigen Arbeiter beenden sollte, war empörend.

Was dann geschah, war umso beeindruckender:

Tom packte schon nach drei Wochen wieder seinen Schläger aus, setzte sich auf eine Art Holzbank-Prothese und drosch einfach mal sitzend auf die knallgelben Filzbälle ein.

In Erinnerung geblieben ist mir bis heute eine Schlagzeile in der Zeitung.

Thomas Muster: Ich bin dem Schicksal dankbar.

Was, geht's noch?

Es geht.

Er und sein Trainer hatten sich in Ruhe zusammengesetzt und darüber nachgedacht, ob sie in dieser auf den ersten Anschein rein negativen Situation vielleicht doch noch etwas Positives finden könnten.

Und siehe da, ja, es war tatsächlich positiv, dass der rasante Sprung an die Tennisspitze nun mal eingebremst war, denn viele junge Stars waren dabei schon verbrannt.

Und schon ändert sich der Blick auf das Ganze, schon ändert sich der Bezug zur Realität. Schon erwacht das Kämpferherz und tritt ein in den Kampf mit dem Melancholikerschmerz.

Halb volles Glas und so.

Wow.

Und wenn Erfolg mal Nebensache geworden ist, fliegt er dir umso mehr zu.

Auf die Frage des Reporters, ob es alle anderen Sportler genauso gemacht hätten wie er, meinte Muster: Viele andere hätten wahrscheinlich zum Saufen begonnen.

Ein Knie vorübergehend nicht gebrauchen können, ist eine Sache, niemals ein Knie haben, eine andere. Überhaupt keine Arme und Beine zu haben, bleibt geradezu unvorstellbar.

Nick Vujicic kam ohne Arme und Beine zur Welt, nur ein kleiner Fuß mit zwei Zehen ist am Ansatz des linken Oberschenkels vorhanden. Nach der Geburt standen beide Eltern zunächst unter Schock. Er äußerte später: „Meine Mutter war Krankenschwester, hat während der Schwangerschaft alles richtig gemacht, trotzdem gibt sie sich noch immer die Schuld."

Die Eltern förderten den bis auf die körperlichen Fehlbildungen gesunden Sohn, um ihm ein weitgehend selbständiges Leben zu ermöglichen. Nick besuchte der australischen Gesetzgebung folgend eine Schule für Behinderte. Nach einer Gesetzesänderung schickten ihn seine Eltern auf eine integrierende Regelschule.

Dort wurde der Junge gehänselt, litt unter Depressionen und versuchte im Alter von zehn Jahren, sich das Leben zu nehmen. Ebenso litt Vujicic unter existentiellen Zukunftsängsten: „Ich hatte Angst davor, was kommt, wenn meine Eltern mich nicht mehr unterstützen könnten."

Nach der Grundschule in Brisbane besuchte er die dortige High School und erwarb im Anschluss Hochschulabschlüsse in Rechnungswesen und Finanzplanung.

Vujicic berichtet in Interviews und in Vorträgen, er habe in seinem Leben aufgrund seiner Behinderung lange Zeit keinen Sinn und keine Hoffnung für sich gesehen. Das habe sich erst geändert, als er seine Behinderung nicht mehr als Strafe, sondern als Herausforderung und Auftrag Gottes begriffen habe.

Er habe den Sinn seines Lebens schließlich darin gefunden, Menschen von der Liebe Gottes zu berichten und sie darin zu bestärken, ihre Träume zu erfüllen.

Heute lebt Vujicic in Kalifornien und arbeitet international als Redner überwiegend in Schulen, Kirchen und bei christlichen Kongressen.

Er thematisiert dabei das Leben mit Behinderung, Lebensmut, Hoffnung und christlichen Glauben.

Er ist Vorstandsmitglied der christlichen Organisation Life Without Limbs, über die er Veranstaltungen organisiert und Aufzeichnungen seiner Reden vertreibt.

Vujicics offensiver Umgang mit seiner Behinderung ruft regelmäßig das Interesse der internationalen Medien hervor.

Berichtet wird, wie er den Alltag bewältigt, wie er mit seiner Behinderung verschiedene Sportarten (Schwimmen, Surfen und Golf) ausübt, Reisen unternimmt und wie er als christlich geprägter Motivationsredner international wahrgenommen wird.
Im Jahr 2012 heiratete er seine Verlobte Kanae Miyahara, das Paar hat zwei Söhne.

Wolfgang Schmidt, Gründer von Bestmentor, hat seine Gedanken zu Nick Vujicic auf bewegende Weise zusammengefasst:

Ich habe schon öfters von Nick Vujicic gelesen und gehört. Auch habe ich die Begeisterung der Menschen wahrgenommen die ihn auf einem seiner inspirierenden Vorträge kennen gelernt haben.

Doch dieses Zitat: „Ich habe die Wahl entweder wütend auf Gott zu sein für das, was ich nicht habe, oder Gott dankbar zu sein für das, was ich habe." hat mich tief berührt und in die Stille gebracht.

Als ich dann sein Leben und sein Zitat in dieser Stille betrachtet habe, kam plötzlich eine tiefe Dankbarkeit in mir auf. Ich war wirklich dankbar für das, was ich habe. Ich habe mich selbst im Spiegel gesehen, in diesem Spiegel, in dem ich immer wieder nach dem suche, was nicht ist.

Ich habe dabei die Emotionen wahrgenommen, die mich dann dazu bringen, das Leben anzuklagen. Nicht nur das Leben klage ich an. Ich klage über mich selbst. Ich klage über mein Umfeld. Ich klage über meine Mitmenschen. Ich klage über Gott.

Dann habe ich eine Entscheidung getroffen. Nicht mehr zu klagen. Anstatt zu klagen, dankbar zu sein. Dankbar zu sein für meine Talente, meine Begeisterung, meine Gesundheit, meine Familie, meine Mitmenschen, meine Berufung einfach für alles, was ist.

In dieser Dankbarkeit verwandelte sich die Stille in eine innere Euphorie, in ein Feuer der Begeisterung.

Gott dankbar zu sein für das, was du hast, löst einen grenzenlosen Automatismus aus in die Freiheit.

Diese Freiheit ist gleichzusetzten mit dem Wissen dass hinter allem, was ist, ein Plan steht, der dir hilft, wirklich lebendig zu leben.

Ich danke Nick Vujicic für seine Lebendigkeit und seinen Mut. Lehne dich zurück und schaue dir eines seiner Videos im Internet an und dann betrachte dein Leben.

Betrachte dein Leben aus der Sicht, dankbar zu sein für das, was du hast.

Um Gottes willen gar nichts zu haben, ist eine Erfahrung, die wohl kaum ein Mensch jemals radikaler gemacht hat, als **Franz von Assisi**.

Das verwöhnte Millionärssöhnchen wurde freiwillig zum Bettelmönch, aus Liebe zu Jesus, dem Gottessohn in Knechtsgestalt.

Schluss mit lustig?

Ganz im Gegenteil: Vollkommene Freude!

In harten Kämpfen leiderprobt und im Feuer des Lebens geläutert, wurde er für unzählige Menschen zum Vorbild als Bruder Immerfroh.

Die Fioretti di San Francesco oder Blümlein des Hl. Franziskus sind ein in 53 kurze Kapitel eingeteiltes Florilegium über das Leben des Franz von Assisi. Im 8. Kapitel lesen wir:

Einst kehrte Franziskus mit Bruder Leo von Perugia in die Portiuncula Kapelle zurück. Es herrschte ein strenger Winter.

Da sprach Franziskus zu Leo: „Wollte Gott, dass die Minderen Brüder der ganzen Welt ein großes Beispiel der Heiligkeit gäben. Und doch wäre dies nicht die vollkommene Freude."

Eine Weile schwieg Franziskus und fuhr dann fort: „Bruder Leo, wenn der Mindere Bruder auch Blinde heilte, Schwache kräftigte, Teufel austriebe, Tauben das Gehör schenkte, Lahme gehend machte, den Stummen die Sprache gäbe, und, was noch mehr ist, wenn dieser Mindere Bruder selbst Tote, die vier Tage im Grabe geruht haben, wieder zum Leben auferweckte, es wäre dies noch nicht die vollkommene Freude!"

Nach einer erneuten Pause sagte er: „O, Bruder Leo, wenn der Mindere Bruder auch alle Sprachen redete, alle Wissenschaft besäße und sämtliche Bücher kennte, wenn er die Gabe der Weisheit hätte, zukünftige Dinge voraussagte und die Geheimnisse der Gewissen und Herzen durchschaute, das wäre noch nicht die vollkommene Freude."

Während sie weitergingen, fügte Franziskus hinzu:
„Bruder Leo, du Lämmlein Gottes, wenn der Mindere
Bruder die Sprache der Engel redete, die Bahnen der Ge-
stirne verfolgte und über alle Kräfte der Pflanzen Bescheid
wüste, wenn er ferner alle Schätze der Erde wüsste, ihm
die Eigenschaften aller Vögel und Fische und aller ande-
ren Tiere, der Menschen, der Bäume, der Steine und
Wurzeln und zudem der Gewässer bekannt wären, das
wäre noch nicht die vollkommene Freude."

„Und auch", sagte Franziskus schließlich, „wenn der
Mindere Bruder so gut predigen könnte, dass durch seine
Predigt alle Ungläubigen zu Christus bekehrt würden:
Siehe, Bruder Leo, auch darin bestünde die vollkommene
Freude nicht!"

Bruder Leo wusste nun, worin die vollkommene Freude
nicht besteht. Sein Interesse ging aber darauf, was denn
die vollkommene Freude sei.
So bat er: „Franziskus, mein Vater, so sage mir doch end-
lich um Gottes willen, was denn dann die vollkommene
Freude des Minderen Bruders ist!"

Darauf erwiderte Franziskus: „Bruder Leo, wenn wir bei
Unserer Lieben Frau von den Engeln in Portiuncula an-
kommen, durchnässt vom Regen, erstarrt vor Kälte, mit
Kot beschmutzt, erschöpft vor Hunger an die Pforte an-
klopfen und der Pförtner zornig zu uns spricht:

,Wer seid ihr?', und wir antworten: ,Wir sind zwei von euren Brüdern', und jener dann sagt: ,Das ist nicht wahr, ihr seid eher zwei Landstreicher, zwei Betrüger, die den Armen das Almosen wegstehlen. Packt euch fort von hier!' und wenn er uns nicht öffnet, wir aber diese Misshandlung und Grausamkeit geduldig, ohne deswegen verwirrt zu werden oder uns zu beklagen, standhaft ertragen und noch Gott dafür danken - Bruder Leo, darin besteht die vollkommene Freude!

Und wenn wir nicht müde werden, anzuklopfen; und der Pförtner ganz aufgebracht kommt und uns mit groben Werten und Maulschellen als elende Diebe wegjagt, indem er spricht:
,Haut ab von hier, geht ins Spital, denn von mir werdet ihr weder zu essen noch Obdach bekommen!' und wir dies alles liebevoll, geduldig und freudig ertragen, dann, Bruder Leo, wäre das vollkommene Freude!

Und wenn wir vor Hunger und Kälte und wegen der nächtlichen Finsternis dennoch gezwungen werden, wieder und wieder zu klopfen, wenn wir rufen, wimmern und um der Liebe Gottes willen flehen, er möchte uns doch öffnen und hineinlassen; und er, noch mehr erzürnt, zu uns sagt:

,Das sind doch rechte Wichte, Schwächlinge, ich will sie loswerden', einen großen Knüppel nimmt, uns bei der Kapuze packt und von Kopf bis Fuß durchprügelt, indem er uns zu Boden wirft und im Schnee wälzt, wir das alles aber geduldig und freudig aushalten und währenddessen des bitteren Leidens und Sterbens Christi gedenken und so daran Anteil erhalten, Bruder Leo, darin besteht sie, die vollkommene Freude!

Denn: Über allen Gnaden und Gaben des Heiligen Geistes, welche Christus seinen Freunden erweisen kann, ist diese - sein Ich besiegen und aus der Betrachtung der Liebe Gottes die Kraft schöpfen, ohne Murren und freudig Mühen, Unbilden, Schmähungen und Missgeschicke zu überstehen.

Bei allen anderen Gaben können wir uns nicht rühmen, weil sie nicht unser, sondern Gottes sind, wie der Apostel sagt:
,Was hast du, das du nicht empfangen hättest; wenn du es aber empfangen hast, warum rühmst du dich, als hättest du es nicht empfangen?' (1. Kor 4,7).

Aber im Kreuze, in der Trübsal und Widerwärtigkeit können wir uns rühmen, weil sie unser sind, wie der Apostel sagt:
,Ich will mich in nichts rühmen, außer im Kreuz unseres Herrn Jesus Christus!' (Gal 6-14)"

Bei **Thomas von Celano** finden wir eine sehr gute Verständnishilfe, er hält fest:

Das sicherste Mittel gegen tausenderlei Nachstellungen und Listen des bösen Feindes ist, wie Franziskus zu versichern pflegte, die geistliche Freude. Franziskus sagte nämlich:

„Dann hüpft der Teufel am meisten vor Freude, wenn er einem Diener Gottes die Freude des Geistes entreißen kann.

Der Teufel trägt Staub bei sich, den er nach Belieben in die kleinen Falten des Gewissens hineinwirft, um die Reinheit des Gewissens und die Lauterkeit des Lebens zu beschmutzen. Wenn aber die geistliche Freude die Herzen erfüllt, dann spritzt die Schlange vergeblich das tödliche Gift aus.

Die bösen Geister können einem Knecht Christi nichts anhaben, wenn sie ihn mit heiliger Fröhlichkeit erfüllt sehen!
Wenn jedoch der Geist in kläglicher Stimmung, trostlos und traurig ist, wird er leicht entweder von der Traurigkeit aufgesogen, oder eitlen überlassen."

Daher trachtete der heilige Franziskus danach, stets im Jubel des Herzens zu verharren, die Salbung des Geistes und das Öl der Freude zu bewahren. (Vgl. Ps 44,8)

Die Krankheit der Niedergeschlagenheit suchte er als die schlimmste mit der größten Sorgfalt zu vermeiden.

Sobald er merkte, dass sie auch nur ein wenig in seinen Geiste Eingang gefunden habe, eilte er schnell zum Gebet, zur Betrachtung der Liebe Gottes, er pflegte nämlich zu sagen:

„Der Knecht Gottes, der, wie es vorkommen kann, aus irgend einem Grunde verwirrt ist, muss sich sofort zum Gebet erheben und so lange vor dem höchsten Vater verharren, bis er ihm die Freude seines Heiles (Ps 50,14) wiedergibt.

Wenn er nämlich länger in der Schwermut verharrt, nimmt jenes babylonische Übel, die Verstrickung im Ich zu, das schließlich, wenn es nicht durch Tränen der Reue und Buße ausgetilgt wird, im Herzen, das ständige Wohnung des geliebten Bräutigams der Seele werden soll, ständigen Rost erzeugt, der das Herz verunziert und als Christi Wohnung mehr und mehr ungeeignet macht.'"
(Vgl. Cel., 346 f.,)

Täglich betete der Heilige:
„Herr, Gott, hilf mir in meinem guten Vorhaben und in deinem heiligen Dienst. Gib, dass ich heute vollkommen beginne, denn alles, was ich bisher getan habe, ist nichts."

Hilarin Felder OFMCap schreibt in
Die Ideale des heiligen Franziskus von Assisi:

„Freude verklärte das geistliche Rittertum des heiligen Franziskus. Als wahrer Christusritter war Franziskus unaussprechlich glücklich, seinem Herrn zu dienen, ihm in Armut nachzufolgen und im Leiden ähnlich zu werden, und diese beglückende Gottseligkeit des Dienstes, der Nachfolge und des Leidens Christi verkündete er als ritterlicher Minnesänger und Spielmann Gottes der ganzen Welt.

Auf diesen Grundton der Freude blieb fortan sein ganzes Leben gestimmt. Mit unverwüstlichem Gleichmut und Frohsinn sang er sich und sang er Gott in seinem Herzen Lieder der Freude.

Sein unaufhörliches Streben ging darauf, sich innerlich und äußerlich in freudvoller Stimmung zu halten. Auch im Kreise der Brüder wusste er den Ton der Fröhlichkeit so rein anzuschlagen und in solch volle Harmonie ausklingen zu lassen, dass man sich in eine fast himmlische Sphäre versetzt fühlt. Dieselbe Freudenstimmung durchweht den Umgang des Heiligen mit allen Mitmenschen. Sogar seine Bußpredigt wird zum Freudenpsalm und sein bloßes Erscheinen und Auftreten zu einem einzigen Hochfeste für alle Klassen der Bevölkerung."

Auf dem Sterbebett sagte der heilige Franz zu seinen Freunden: „Lasst uns endlich anfangen!"

Schließen wir das „Danken für Fortgeschrittene" mit einer **Geschichte** ab:

Ein weiser Mensch verließ niemals sein Haus, ohne sich vorher eine Handvoll Bohnen einzustecken. Er tat dies nicht etwa, um die Bohnen zu kauen. Nein, er nahm sie mit, um so die schönsten Momente des Tages bewusster wahrzunehmen und um sie besser zählen zu können.

Jede positive Kleinigkeit die er tagsüber erlebte, zum Beispiel:
das Lachen eines Kindes, ein köstliches Essen, ein schattiger Platz in der Hitze, ein netter Anruf, ...

Für alles, was die Sinne erfreute, ließ er eine Bohne von der rechten in die linke Jackentasche wandern. Vor dem Schlafen gehen zählte er die Bohnen aus der linken Tasche. Er feierte diese Minuten.

*So führte er sich vor Augen, wie viel Schönes Gott ihm an diesem Tag geschenkt hat, und er dankte Gott für jede einzelne Bohne. Und an einem Abend, an dem er bloß eine Bohne zählte, hatte er **einen** Grund, sich über diesen Tag zu freuen und Gott dafür zu danken.*

Ein Mensch hat so viel Charakter, wie er dankbar ist.
Josef Viktor Stummer

Let's dank!

Wir stehen hier am Fuße des Lebensberges und haben schon lange hinaufgeschaut.

Wie schön wäre es, da oben zu sein...!
Ach, warum bin ich immer noch da unten...?

...haben wir vielleicht schon jahrelang gesagt.

Natürlich ist es schön, da oben zu sein. Aber hinauf kommst du nur, wenn du den ersten Schritt setzt.

Auf geht's!

Ein dankbares Herz ist die beste Voraussetzung, um auf dem Lebensweg Tag für Tag zu einem immer besseren Leben voranzuschreiten.

Aufgeladen mit vielen schönen Gedanken zur Dankbarkeit, dürfen wir nun zur konkreten Umsetzung kommen, viele Möglichkeiten stehen uns hier bereit.

Am besten ist, in aller Ruhe eine Methode auszusuchen und sie mindestens vier Mal zu probieren.
Ich wünsche Ihnen, liebe Leser, viel Freude dabei!

Danke-Tag

Mit dem Sonntag beginnt die Woche, ausgehend vom Sabbat ist dies ein Tag der Ruhe und Erholung.
Ich halte meinen Sabbat berufsbedingt am Montag und gestalte ihn schon lange als Tag des Dankes.

Im Rückblick auf die Woche wusste ich vor lauter schönen Geschenken Gottes schon gar nicht mehr, was ich mir noch wünschen sollte.
Also habe ich einfach in den Danke-Modus geschaltet, Bitten haben an diesem Tag Urlaub.

Dankestage können manchmal trocken sein, stehen jedoch immer als Fels am Anfang der Woche.
Die Brandung des Lebens kann kommen, die Kraft des Dankes wird halten.

Wunderbar!
Zur Nachahmung ausdrücklich empfohlen!

Danke-Tagebuch

Dankenswertes kann man (täglich) aufschreiben, erfüllte Wünsche nimmt man so besser wahr.
Vergiss nicht zu danken, es gibt immer einen Grund.

Danke-Sylvester

Während andere im Vollrausch unerfüllbare Wünsche in die Zukunft hineinfantasieren, nützen Dankbare den Jahreswechsel zum frohen Rückblick auf die Geschenke des vergangenen Jahres.

Diese können sie auch schriftlich festhalten und in einer Lebens-Mappe ablegen, Jahr für Jahr.

Auf diese Weise sammeln Dankies viel Freude und Schwung für das Schöne und Schwere, das sie im Neuen Jahr erwartet.

Danke-Spaziergang

Einfach mal ne Runde drehen und die schönen Dinge sehen.
Negatives über-sehen, locker dran vorüber-gehen.
Kommst du dann nach Haus zurück, bringst du heim ein Stück vom Glück.

Danklieder singen

Es gibt mehr als genug. Gründe und Lieder.

Dankesschreiben

Wann haben Sie das letzte Mal einem Menschen gedankt?
Noch nie war das so einfach wie heute, an Kommunikationsmitteln mangelt es wahrlich nicht.

Ganz oben auf der Liste der schönen Wege des Dankes steht noch immer das Blatt Papier, handbeschrieben, feierlich gefaltet in ein Kuvert gelegt.

Ein ebensolches können Sie jederzeit auch an Gott schreiben, Er freut sich ebenfalls darüber.

Im Voraus danken

Jesus sagte zu seinen Freuden, dass sie bei allem, worum sie beten und bitten, glauben sollten, dass sie es schon erhalten haben, dann wird es ihnen zuteil.

Im Voraus danken, ist ein guter Test, ob ich Dinge wirklich haben will. Ich stelle sie mir genauer vor, danke im Voraus dafür, und schon verlieren viele Vorstellungen ihren zwanghaften Reiz.

Geläutert und geprüft kann dann hervorkommen, was ich wirklich will.

ESSENTIALS

Fassen wir einige Grundgedanken dieses Buches zusammen:

Wir brauchen unseren Willen, um Gutes zu sehen. Die Mühe lohnt sich, denn die Stimmung wird besser, das Leben leichter, Dankbarkeit möglich. Dies ist also sehr positiv investierte Kraft und Zeit.

Du siehst die guten Dinge, und sie beflügeln dich!

Dein Leben ist jedoch ein täglicher Kampf zwischen den positiven und negativen Gedanken. Trost spendet uns dabei die Tatsache, dass niemandem dieser Kampf erspart bleibt.

Dankbare, gelassene, frohe Menschen fallen nicht vom Himmel, ebenso wenig wie grantige, hektische, mürrische Menschen.

Dankbarkeit will errungen sein, immer wieder aufs Neue, sie ist eine schöne, sinnvolle Lebensaufgabe. Langsam aber sicher wird sie zur Lebenshaltung, die unserem Leben Halt gibt.

Einfache Sätze lassen sich im „Ernstfall des Dankes" leichter abrufen als lange Formulierungen. Im Ringen um die Dankbarkeit und den von ihr geschenkten Frieden haben mir in Freud und Leid auch folgende Gedanken geholfen:

Es geht mir immer gut.
Ich bin immer glücklich und zufrieden in Gott;
ich nehme alles mit Dank
von dem lieben Himmelsvater an,
sind es Leiden oder Freuden.
Er weiß ja, was uns das Beste ist,
und so bin ich immer glückselig in Gott.
Bruder Konrad von Parzham

Alles hat einen Sinn.

Dank gibt dem Geschenk bleibenden Wert.
Erst durch deinen Dank ist das Geschenk ganz dein.

Dank hat einen Wert in sich.
Besonders wertvoll ist Dank im Leid.

Gott allein genügt.
Wer Gott hat, hat alles.

Der letzte Grund, nicht zu danken, ist der Tod.
Der erste Grund, zu danken, ist der Auferstandene.

MEHR ALS DANK

Liebe Leser, ich möchte mit zwei guten Nachrichten schließen.

1. Dank ist wunderbar und führt zur wahren Freude.

2. Es gibt sogar noch mehr als Dank. Gerne möchte ich darüber ein andermal berichten.

GE-DANKEN TAG FÜR TAG

Wie beschreibt man das Unbeschreibliche?
Wie fasst man das Unfassbare?

Im Laufe der Jahre habe ich viele Gedanken aufge-schrieben, die mir (meistens an den Danke-Tagen) in den Sinn gekommen sind.

Wenn sie Ihnen helfen, freut mich das.
Wenn sie Ihnen nicht helfen, kein Problem.

Die Gedanken für jeden Tag des Jahres stehen in loser Folge und haben oft keinen direkten Zusam-menhang.
Beginnen sie einfach mit dem heutigen Datum, ein Gedanke pro Tag ist vollkommen ausreichend.

Und sollten Sie ein Gefühl von Weite und Freude erleben, wissen Sie ja, was zu tun ist...

JÄNNER

1.

Im Angesicht des sicheren Todes
und meiner vielen Sünden,
bemühe ich mich heute,
möglichst heilig zu leben.

2.

Im Leben geht es nicht um Erfolg oder Misserfolg,
nicht um Gute Zeiten oder Schlechte Zeiten.
Es geht um Liebe und Treue.

3.

Wenn kein Mensch mehr da ist,
hast du immer noch dich selbst.

4.

Die Speisekarte macht dich nicht satt.

5.

Jammerst du über den Winter,
der immer wieder kommt,
oder freust du dich auf den Sommer,
der auch immer wieder kommt?
Denkst du bei Ostern an Tod oder an Auferstehung?

6.
Es ist eine große Gnade, erkennen zu dürfen,
wie oft man im Gebet zerstreut ist.

7.
Christen fangen an, wo die Anderen aufhören.

8.
Du hast nur ein Bewusstsein.
Deines.

9.
Der Welt absterben.
Geborgen im Dunkel sein.
Zum neuen Leben erstehen.

10.
Hier und jetzt ist Jesus.
Mit seinem Kreuz.
Mit seiner Auferstehung.
Folge Ihm nach.

11.
Tausche nicht die schönen Erlebnisse
mit Gott und den Menschen
gegen Gott und die Menschen selbst.

12.
Bestelle du dein Haus.
Das ist das Beste, was du für Andere tun kannst.
Lebe du dein Leben gut.
Das ist das Beste, was du für Andere tun kannst.

13.
Umkehr ist schwierig, sie ist wie ein Entzug.
Das Vergängliche muss sterben, das Unvergängliche
ist tausendfacher Lohn für alle Anstrengungen.

14.
Dem Wetter geht es wie Gott.
Es ist den Menschen vorgegeben,
und sie sind oft unzufrieden damit.

15.
It's not about money, it's not about stuff.
It's all about God, it's all about love.

16.
Lass dich hineinfallen ins Nichts.
Wie ein kleiner Vogel,
der aus dem Nest gestupst wird,
um fliegen zu lernen.

17.
Ich brauche keinen Modernismus.
Es verändert sich sowieso ständig alles.
Gott allein ist der Ruhepol des Universums.

18.
Was auch immer in der Welt geschieht.
Hier darf ein kleiner Ort des Friedens sein.

19.
Ich bin jetzt hier.
Bei mir.
Bei Dir.

20.
Wohin du auch gehst,
du nimmst immer dich selbst mit.

21.
Es ist oft schwierig, zu sagen: Alles ist gut.
Und auch das ist gut.
Gut zu denken, ist echtes Verdienst.

22.
Gott ist überall.
Also spare ich mir die ganze Fahrerei
und bleibe hier.

23.
Conservare et progredi.
Bewahren und voranschreiten.

24.
Zügle deine Gedanken und Träumereien.
Lass dich nicht zerstreuen.
Bleibe gesammelt.
Hier und jetzt.

25.
Erneuert euer Denken.
Beständig.
Zum Guten.

26.
Es ist deine schöne Pflicht, Gott zu lobpreisen.
Vergiss das Gejammer und die kapriziösen Sorgen.

27.
Heilige wollen nicht etwas von Gott.
Sie wollen Gott selbst.

28.
Es gibt keine Beschäftigung, die Gott ersetzen kann.

29.

Eine kurze Reise nach innen
ist mehr wert als viele lange Reisen nach außen.

30.

Gott ist wichtiger als Glücklichsein.

31.

Das Leben ist eine Wanderung.
Am besten kommst du mit einer Karte
und einem guten Tagespensum ans Ziel.
Jeden Tag gehen.
Nicht zu viel, nicht zu wenig.

FEBRUAR

1.

Jede Seele ist gleich viel wert.
Jede Seele ist unendlich viel wert.

2.

Die Seele atmet. Tag und Nacht.
Welche Luft sie bekommt, hängt auch von mir ab.

3.

Die Dummheit des Menschen ist mächtig.
Doch Gott ist unendlich mächtiger.

4.

Wir dürfen uns schon hier auf Erden freuen.
Auch auf den Himmel.

5.

Vor lauter Bemühungen, Menschen nicht
zu beleidigen, wird ständig Gott beleidigt.

6.

Heute bist du so jung wie nie mehr wieder,
lass dich heute von Gott erziehen.

7.

Wer zum Ganzen kommen will,
der muss durch das Nichts.
Wer zum Leben kommen will,
der muss durch den Tod.

8.

Eine von vielen Möglichkeiten, vor Gott zu fliehen,
ist der kirchliche Betrieb.

9.

Die Waschmaschine muss sauber sein,
um waschen zu können.
Ebenso die Kirche.

10.

Als Christen dürfen wir uns
in die menschgewordene Liebe Gottes verlieben.

11.

Aus der Enge in die Weite.
Aus der Angst in die Liebe.
Aus dem Tod in die Auferstehung.

12.

Einsamkeit zeigt dir, dass du nie allein bist.
Du selbst bist immer bei dir.

13.

Die großen Dinge erreichst du
über die kleinen Dinge.
Wenn du bei den kleinen Dingen
nicht hängen bleibst.

14.

Torte kann dich nicht satt machen.
Aber sie verdirbt dir den Gusto auf Brot.

15.

Freude, Glück, Friede,… ist kein statischer Zustand.
Danke.

16.

Die Seele muss nachkommen,
schön langsam, eines nach dem anderen.

17.

Das Leben ist ein Weg.
Kein Sprung.

18.

Menschen finden tausend Gründe, um etwas zu
verschieben. Bloß. Nachher ist es noch schwieriger.
Sie haben es versäumt.
Erfülle jetzt diese Aufgabe. Mit ganzem Herzen.

19.
Du kannst nur eine Aufgabe gleichzeitig erfüllen.
Aber die mit ganzem Herzen.

20.
Auch die Seele braucht Training.
Zum Beispiel: Lebe diesen Moment.

21.
Viele wollen die Welt verändern.
Wenige wollen sich selbst verändern.

22.
Ständig missachten Menschen die Gebote Gottes.
Heraus kommt ein unanständiges Leben.

23.
Du hast nur diesen einen Moment.
Und das genügt schon.
Denn dieser Moment erfordert
deine ganze Aufmerksamkeit und Kraft.

24.
Das stärkste Ding des gesamten Universums
ist in deinem Kopf: das menschliche Gehirn.
Halte Schwachsinn von ihm fern.

25.

Ich bin mit der Gesamtsituation sehr zufrieden.

26.

Du wirst es schaffen oder nicht schaffen.
Du wirst es nicht vielleicht schaffen.

27.

Nur du kannst dein Match spielen.
Nur du kannst dein Leben leben.

28.

Was und wen wir Christen haben, ist so gut,
dass wir uns niemandem
aufdrängen oder anbiedern müssen.

29.

Genieße diesen Moment.
Er ist einzigartig.

MÄRZ

1.

Es geht nicht darum, zu wissen,
wie groß oder klein Gott ist.
Es genügt zu wissen, wie klein ich bin.

2.

Die Nachfolge Jesu ist keine Schönheitskonkurrenz.
Sie ist ein Kampf gegen Sünde, Tod und Teufel.

3.

Schönheit ist wichtig.
Effizienz ist wichtiger.

4,

Ich meide Gifte.
Was sollte daran schlecht sein?

5.

Es ist mir zu anstrengend, faul zu sein.

6.

In der Nachfolge Jesu erlebst du so viel Abenteuer,
dass du gekauftes Vergnügen nicht mehr brauchst.

7.

Modernismus ist eine unerträgliche Last.
Immer etwas Neues, nie etwas Beständiges.
Immer unruhig, nie zufrieden.

8.

Ein gutes Konzept.
Beständig realisieren.
That's it.

9.

Gott kann dich nicht zwingen, dich selbst zu lieben.
Nur du kannst dich selbst lieben.

10.

Ich bin bei der kleinen, besonderen Gruppe dabei.
Selbst das schenkt dir Gott als Katholik.

11.

Einfach mal so ohne Gott ganz schnell glücklich sein
gibt es nicht.

12.

Ohne Fleiß kein Preis,
ohne Kreuz kein Himmel.

13.
Gottes Maßstab heißt Wahrheit, nicht Beliebtheit.

14.
Alles geht vorbei, Gott bleibt.

15.
Unsere Vorstellungen von Gott und den Menschen
stellen sich oft vor Gott und die Menschen.

16.
Wir müssen alle einmal sterben.
Fangen wir schon heute damit an.

17.
Mit Jesus ist dein Alltag hell.

18.
Die Leere ist die beste Einübung in das Sterben.
Je mehr du jetzt stirbst,
umso weniger musst du dann sterben.

19.
Die Menschen in der Kirche kommen und gehen.
Gott bleibt.

20.
God is in the house.

21.
Die Leere schafft Platz für den Lobpreis Gottes.

22.
Viele Menschen können mit Erfolg
genauso schlecht umgehen wie mit Misserfolg.

23.
Die Erfahrung der Leere in der Welt führt dich zu
Gott in seine Fülle, führt dich zum Dank.
Die Erfahrung der Leere in Gott führt dich
ebenfalls in seine Fülle. Zu einem Dank,
der selbst die Leere zu schätzen weiß.

24.
Nur in der Leere
können die großen geistlichen Früchte wachsen.

25.
Bei Gott sind wir immer Anfänger.
Jeden Tag.

26.
Alles stirbt.
Lass mal gleich den Gedanken sterben,
dass dies nicht so ist.

27.
Im Seniorenheim hast du die wunderbare Chance,
da zu sein. Liebe den scheinbar grauen Alltag.
Mitten drinnen ist das Licht.

28.
Nur wenige Menschen wollen da sein.
Sie sind meist irgendwo.
Gott ist immer da.

29.
Du kannst Jesus sein lassen.
In dir.

30.
Lass jeden Tag eine Illusion sterben.
So beginnt das Ewige Leben schon jetzt.

31.
Wer den Höchsten hat,
für den verlieren alle Anderen ihren Reiz.

APRIL

1.

Gott hat auch sehr viel mit dem Nichts zu tun.

2.

Das Ausharren und die Treue
haben in sich einen hohen Wert.

3.

Jede Sekunde, die du Jesus nachfolgst,
ist ein Schritt näher zum Himmel.

4.

Andere laufen Bällen, Geld, Ruhm, Macht, etc. nach.
Du darfst Jesus nachlaufen.

5.

Nur durch die Wüste kommt man ins Gelobte Land.
Nur durch das Kreuz in die Auferstehung.
Die mit Tränen säen, werden mit Freuden ernten.

6.

Leben live.

7.

Hände gefaltet vor das Gesicht, dahinter bin ich.
Nicht irgendwo da draußen.
Nicht irgendwo da vorne.

8.

Bonusmeilen sammeln für die Ewigkeit.
Jede Sekunde, die wir lieben.

9.

Nur du kannst dein Leben leben.
Nur er kann sein Leben leben.
Nur sie kann ihr Leben leben.

10.

Orte des Gebets entstehen durch Gebet.

11.

Dein Zimmer darf deine Mönchszelle sein.
Sie hilft dir, bei dir zu sein.
Sie hilft dir, Gott zu begegnen.

12.

Wer die Realität verdrängt,
verdrängt sich selbst aus der Realität.

13.

Man kann die Realität nicht verdrängen,
man kann das Kreuz nicht abschaffen.
Du kannst es mutig und dankbar annehmen,
und schon bald wirst du freudig feststellen,
dass es der einfachste Weg ist.

14.

Jede Sekunde, die du Jesus nachgefolgt bist,
hat in Ewigkeit unendlichen Wert.
Jede Sekunde mit Gott ist alles,
jede Sekunde ohne Gott ist nichts.

15.

Gute Nachrichten für Modernisten:
Du darfst jeden Tag neu werden.
Gott und seine heilige Ordnung
brauchst du dazu nicht zu ändern.

16.

Lass die Vergangenheit und die Zukunft sterben
und feiere Auferstehung in der Gegenwart.

17.

Halte dich nicht auf mit deinen Sünden.
Gib sie Jesus.
In der Beichte, im Schuldbekenntnis.
Und lasse sie bei ihm.

18.
Nimm das Kreuz der Realität.
Es ist leichter als das Joch der Illusion.

19.
Ich habe mich gern.
Ich bin froh, dass ich leben darf.
Heute und hier.
Und in Ewigkeit.

20.
Denke durch, koordiniere.
Aber mach dir keine konkreten Bilder.

21.
Selbst-Bewusstsein kannst du üben.
Genau jetzt.

22.
Gott vollendet seine Pläne.
Egal ob mit oder ohne Menschen.

23.
Wenn nur Wenige da sind,
dann vollbringt er seine Werke
voll und ganz mit Wenigen.

24.
Ich werde ein Nahseher.
Ich sehe, was nah ist.

25.
Wachse in mir, Jesus.
Dass ich immer mehr mich selbst sehe.
Dass ich dich in mir sehe.
Du bist mir ganz nah.

26.
Wenn du, Jesus, in mir wächst, ist es gut für alle.
Für die Anderen, die dich in mir sehen können.
Für dich, der du dein Reich durch mich ausbreitest.
Für mich, der ich endlich ganz ich selbst bin.

27.
Wir sind wie kleine Kinder in der Sandkiste,
die ihre eigene, vergängliche Welt bauen.
Gott schaut gütig auf uns herab.

28.
Der Hirte soll die Wölfe vertreiben,
die Pharisäer, die Götzenanbeter.
Nur so können die Schafe leben,
nur so wird die Herde wachsen.

29.

Ich habe schon genug Kopf-Kino.
Zusätzliches Kino brauche ich nicht.

30.

Ich brauche Jesus Christus.
Alles andere gibt er.

MAI

1.
Das viele Reden
macht dich blind für Gottes Gegenwart.

2.
Ein ganzes Leben lang
darfst du in den Himmel hineinsterben.

3.
Die nächste Ebene erklimmen ist schwer,
doch dort ist dann alles leichter als bisher.

4.
Du brauchst nicht ständig eine Herausforderung,
das Hier und Jetzt ist genug Herausforderung.

5.
Die Wunder Gottes
brauchen wir nicht zu analysieren.
Wir dürfen sie bewundern.

6.
Im Himmel können wir in Ewigkeit
jede Sekunde unseres irdischen Lebens betrachten.

7.
Gott   Jesus
Kraftwerk   Steckdose

8.
Gute Werke bedeutet oft, Ich verändere die Welt.
Anbetung bedeutet, Jesus verändert mich.

9.
Nicht da sein, Sinnieren
wirkt auf Andere wie ins Narrenkastl schauen.

10.
Je weniger Jesus in der Welt präsent ist,
umso mehr soll er in dir präsent sein.

11.
Christen scheuen nicht den Tod,
denn da schenkt Gott eine neue Welt.
Modernisten verdrängen den Tod
und erwarten Neues von einer sterbenden Welt.

12.
Geschichte schreiben ist ganz einfach,
weil das fast niemand tun will.

13.
An Glücksmomente in der Kindheit anknüpfen.

14.
Die Bibel sagt uns deutlich, dass alles gut wird,
wenn Menschen das tun, was Gott ihnen sagt.

15.
In der Stille halte Lagebesprechung mit Gott.

16.
Warum in die Ferne sterben,
wo doch das Leben liegt so nah.

17.
Eines nach dem anderen.
Jedes Ding gescheit machen.
Fokussiert, konzentriert, geduldig.

18.
Mach dir keine Sorgen, Sorgen zu verlieren.
Es gibt immer genug.

19.
Bleibe bei deinem besseren Selbst, bleibe bei Jesus.

20.

Bei allem sei dein Bemühen,
dass du dich selbst nicht verlierst.

21.

Mit Gott schreiten wir von Fülle zu Fülle,
von Ewigkeit zu Ewigkeit, von Sieg zu Sieg.
Immer wieder gut, immer wieder neu.

22.

Wenn Menschen in den Sinn kommen,
sie segnen und loslassen in Gottes Hände.

23.

Wähle behutsam deine Worte.
Lass Jesus sprechen.

24.

Im Hier und Jetzt aushalten,
in der Gegenwart Gottes.
Und sich freuen, dass die Zeit vergeht.

25.

Arm im Geiste,
nicht grübeln,
sondern Gottes Gegenwart begrüßen.

26.

Du hast mir ein großes Geschenk anvertraut:
mich selbst.

27.

Mach dir keine Sorgen um die Sorgen,
die kommen schon wieder.
Genieße jetzt den Frieden und die Ruhe.

28.

Was sonst?

29.

Demut ist Wahrheit.
Hochmut ist Dummheit.

30.

Der Rosenkranz ist das beste Mittel
gegen das Reden mit abwesenden Menschen.
Maria führt uns in das Reich Gottes,
das schon mitten unter uns ist.

31.

Hier ist Jesus.
Hier ist alles.
Hier ist Frieden.

JUNI

1.
Für wen oder was lebst du?
Wer ist deine Nummer Eins?
Wem dient dein Leben?

2.
Schau zuerst mal auf dich selbst,
umso besser wirst du die Menschen sehen.

3.
Die Kürze des Lebens hilft uns,
Langeweile zu schätzen.

4.
Es gibt nichts und niemand,
der dir näher ist als du selbst.
Tatsächlich ist Jeder sich selbst der Nächste.

5.
Verlasse dich nicht selbst, gehe nicht fremd.

6.
Jede Kirche und Kapelle darf Portiuncula sein.

7.

Das ist Gottes Wunsch und Ziel:
Dass jeder Mensch, der sein will, der er ist.
Ich bin ich, Du bist du.
Einzigartig und unersetzlich.

8.

Ich brauche mir nur Eines merken: Dass ich Dinge,
die ich mir merken soll, aufschreiben muss.

9.

Sühne ist nicht zuerst, den Menschen helfen,
sondern Gott Genugtuung leisten.

10.

Liebe jetzt, liebe hier.

11.

Das eine überbetonen, um beides auszuschalten:
Bibel vs. Allerheiligstes Sakrament
sozial vs. kontemplativ, etc.

12.

Arbeiten koordinieren.
Arbeiten erledigen.
Eine nach der anderen.

13,

Komm zu dir zurück, verliere dich nicht in der Welt.

14.

Niemand kann dir abnehmen, du selbst zu sein.
Du bist anders als die Anderen.
Die Anderen sind auch anders als die Anderen.
Genau das wollen aber ohnehin alle sein.
Danke, lieber Gott!

15.

Stelle dir nicht ständig Andere vor,
erkenne dich selbst.

16.

Bei sich selbst sein, ermutigt die Anderen,
auch bei sich selbst zu sein.
Einzigartig zu sein, ermutigt die Anderen,
auch einzigartig zu sein.
Mit Gott zu sprechen, ermutigt die Anderen,
auch mit Gott zu sprechen.

17.

Wer nicht einmal sich selbst sieht,
den unmittelbar nahen Menschen,
wie soll der jemand anderen sehen?

18.
Absonderung von sich selbst ist auch Sünde.
Nicht bei sich sein, hier und jetzt.

19.
Die Zeit vergeht.
Hoffentlich hast du sie gut gelebt.

20.
Ich darf lieben.
Wie schön ist das!

21.
Wenn ich liebe, dann lebe ich.
Wenn ich schlafe, dann schlafe ich.
Wenn ich hasse, dann sterbe ich.

22.
Niemand hat euch dazu gezwungen, euch gegen
Gott aufzulehnen, ihn zu verspotten, zu ignorieren.
So seid ihr selbst zum Spott geworden.

23.
Ich bin immer mir selbst zusammen.
Daher ist es gut, mich selbst gern zu haben.

24.
Nimm die Gedanken an die Leine.
Du weißt nur das, was jetzt geschieht.

25.
Leben und sterben müssen wir alle.
Entscheidend ist, wie wir leben und sterben.

26.
Der dümmlichste Vorwurf an Gott lautet,
dass der Glaube an ihn unvernünftig ist.

27.
Menschen ohne Rückgrat
lasten sich oft die schwersten Lasten auf.

28.
Du bist tatsächlich frei, deinen Gott zu wählen.
Überlege dir gut, wen du wählst.

29.
Nur du kannst dein Leben leben.

30.
Das wahre Ich jedes Menschen ist Jesus Christus.

JULI

1.

Gib Gott die Chance,
trotz Dummheiten und Fehler der Menschen
allmächtig zu wirken.

2.

Sag einfach mal Danke,
so sinnlos das Ereignis auch erscheinen mag.

3.

Wie sollen wir mit den Fehlern
der Menschen umgehen?
Die eigenen Fehler dadurch besser erkennen
und daraus lernen.

4.

In einer verrückten Welt
geht Gott oft verrückte Wege zu den Menschen.

5.

Die Menschen sehnen sich nach Liebe.
Gott sehnt sich nach den Menschen.
Die Anbetung ist das Portal,
das beide zusammenführt.

6.
Denke nicht ständig an Menschen.
Du kannst sie dir nur bruchstückhaft vorstellen.

7.
In einer verrückten Welt
gibt es einen einfachen Weg, berühmt zu werden:
Man lässt sein Gehirn eingeschaltet.

8.
In jeder Pfarre ist Jesus der König
und Maria die Königin.
Der Pfarrer ist nur Kammerdiener.

9.
Dir geschehe, wie du geglaubt hast.
Wie wahr ist das!

10.
Nur wer Ordnung hat,
kann Ausnahmen gewähren.

11.
Auf dem Rücken liegen:
ergeben, empfangend, einübend das Liegen im Sarg.

12.
Vorstellungen
verstellen uns oft den Blick auf die Wahrheit.

13.
Ich tausche die vergängliche Welt
gegen den unvergänglichen Gott.
Was sollte daran ein Opfer sein?

14.
Jeder Mensch bekommt von Gott alles.
Gott selbst.
Und sich selbst.

15.
Wenn du die eine Realität nicht annehmen willst,
musst du dich mit tausend Täuschungen plagen.

16.
Alle müssen sich anstrengen.
Die einen mit Gott.
Er schenkt Sinn und Freude dabei.
Die anderen ohne Gott.
Sie schenken sich selbst Stolz, Neid und Ärger.

17.
Nicht grübeln, aufwachen!

18.
Ach, schweige doch einfach.
Dann beginnt das größte Abenteuer.
Dann beginnt die größte Show.

19.
Wir können nicht mehr warten
auf die Zauderer und Zögerer.
Fangen wir jetzt an.

20.
Wir werden alle sterben.
Heiligen wir den Rest unseres Lebens.

21.
Es ist hier auf Erden nicht eh schon alles okay,
und wir machen es halt noch ein bisschen besser.
Es geht immer um ewiges Leben oder ewigen Tod.

22.
Es gibt keinen Alltag,
und es gibt keine Wiedergeburt hier auf Erden.

23.
Viele suchen die Erleuchtung,
die alle Probleme ein für alle Mal löst.
Es gibt sie nicht.

24.
Jede Sekunde deines Lebens
kannst du Jesus nachfolgen.
Er ist immer neben und über dir.
Der Große in dir.

25.
Ich wollte immer ein Anderer sein.
Jetzt bin ich gerne ich.
Jetzt bin ich gerne mit mir zusammen.

26.
Mannequin Übung:
Über den Laufsteg des Lebens gehen.

27.
Jesus, unser Erlöser.
Maria, unsere Mutter.
Josef, unser Finanzminister.

28.
Ich bin Tempel des Heiligen Geistes.
Dieser Tempel soll frei und offen sein.
Für Gott.

29.
Statt Probleme wälzen, lieber Gebete wälzen.

30.
In mir soll es still werden.
Das ist gut für Alle da draußen.

31.
Wir sind wie kleine Fische
im großen, klaren Ozean,
die sich ständig danach sehnen,
in irgendeinem trüben Tümpel zu sein.

AUGUST

1.

Lieber Gott, bitte verzeih mir meine Ängste.
In deiner Liebe kann ich sie überwinden.

2.

Du musst nicht vor der Situation davonlaufen.
Sie läuft an dir vorbei.

3.

Den Menschen verzeihen, dass sie nicht perfekt sind.
Gott verzeihen, dass Er perfekt ist
und daher immer recht hat.

4.

Ich bin sehr modern,
ich erlebe jeden Tag etwas Neues mit Gott.
Am Ende gibt es dann ein neues Leben
und in alle Ewigkeit ein immer neues Staunen.

5.

Ziehe das Vergängliche, Äußere
in das Unvergängliche, Innere.
Vertraue alles dem heiligsten Herz Jesu an,
das in deinem Herzen ruht.

6.
Ich habe gelernt,
dass man jeden Tag etwas lernen kann.

7.
Ich bin ein großer Sünder,
und Du bist ein großer Gott.

8.
Es gibt viele verborgene Heilige,
die die Welt verändert haben,
in der Stille.

9.
Jesus hält der Zeit stand.

10.
Alle Menschen sterben.
Ehrenhaft oder unehrenhaft.

11.
Oft genügt es, einfach nichts zu machen
und Gott nicht im Weg zu stehen,
der unerschöpfliche Möglichkeiten hat.

12.

Du stehst allein da.
Kein Problem, wenn du bei Gott stehst.

13.

Man kann nicht absichtlich erschrecken.

14.

Gott sieht alles.
Ob du es willst oder nicht.
Er selbst kann auch nichts dafür.
Gott sieht alles.

15.

Die Zukunft zieht dich aus der Gegenwart heraus.
Bleibe hier und jetzt.
Die Zeit vergeht von selbst.

16.

Draußen siehst du
dich selbst im Spiegel der Menschen.
Drinnen siehst du Gott im Spiegel deiner Seele.

17.

Der sicherste Weg zum Unglücklichsein ist der
Wunsch, hier auf Erden immer glücklich zu sein.

18.
Das ist dein Leben, nur du kannst es leben.

19.
Jeden Augenblick hast du Gelegenheit zu lieben.

20.
Jesus, es tut mir leid,
dass wir Menschen Dich ständig beleidigen.

21.
Alles ist drinnen, nichts ist draußen.

22.
Wohl selbst die Heiligen "beneiden" uns
um die Möglichkeit, unser Leben hier auf Erden
noch mitgestalten zu können.

23.
Mehr danken, weniger denken.

24.
Jesus, ich bitte Dich um Entschuldigung,
stellvertretend für alle Sünden dieser Pfarre.

25.
Wer arm ist im Geist, ist reich an Wirklichkeit.

26.
Eine meiner liebsten Beschäftigungen
ist das Abhaken einer To-do-Liste.

27.
Nicht zu nahe an der Tafel stehen,
einen Schritt zurück machen.

28.
Wie ist dein geistlicher Fußabdruck,
wie viel Gegenwart Gottes hinterlässt du.

29.
Bleibe still und höre, was Gott will.

30.
Nicht nach Lohn hier auf Erden zu streben,
setzt uns frei für den Himmel.

31.
Am Ende des Nichts beginnt ein neues Alles.

SEPTEMBER

1.

Ohne Bildchen, Sammelalbum und Täuschung
ist das Leben schöner.

2.

Wenn ich Bekehrung so wichtig finde,
kann sie gleich bei mir beginnen.

3.

Auf Erden ist der Himmel nur mit Anstrengungen,
Opfern, mit dem Kreuz zu erreichen. Und nur kurz.
Im Himmel ohne all das. Und ewig.

4.

Ein Jesus ist besser als tausend Götzen.

5.

Jesus hat alles für mich gegeben.
Als Dankgeschenk darf ich Ihm einst all die Leiden
bringen, die ich für Ihn erduldet habe.

6.

Mein Haus soll ein Haus des Gebets sein,
ihr aber habt daraus ein Kaffeehaus gemacht.

7.

Die Armen Seelen würden sofort mit uns tauschen,
um ihr Leben besser zu leben.
Danken wir Gott,
dass wir heute diese Chance haben.

8.

Ich habe nichts mehr.
Nichts, was meiner Begegnung
mit der Realität entgegensteht.

9.

Bei guten Dingen dranbleiben, sie immer wieder tun,
führt zu erfreulichen Ergebnissen.
Wie viel mehr gilt dies für die Nachfolge Jesu.

10.

Jesus war, ist und wird sein das Ziel des Lebens.

11.

Jauchzen und frohlocken wie die Engel.
Lobpreis ist auch unsere frohe Pflicht.

12.

Das Leben ist kurz, bringe es gut zu Ende.

13.
Tausche Menschenfurcht gegen Gottesfurcht.

14.
Weder hektisch noch träge, sondern fröhlich wach.

15.
Dankbar, fröhlich, frei.
In Jesus.

16.
Jeder Moment ist einzigartig, lebe ihn.

17.
Möglichst wenig Täuschung,
möglichst viel Realität.
Einen dauerhaften Zustand ohne Täuschungen
gibt es hier auf Erden nicht.

18.
Jeden Abend und Morgen gib Gott deine Sorgen.

19.
Jesus siegt.
Maria siegt.
Stehst du auf ihrer Seite?

20.
Sei nicht geizig mit dem Glauben.
Wenn du das Licht weiterschenkst,
wird es auch für dich heller.

21.
Es ist genug Gott für alle da.

22.
Die Bekehrung einer Pfarre
beginnt mit der Bekehrung des Pfarrers.

23.
Wir wissen nur, dass Marias Unbeflecktes Herz
triumphieren wird, Gott weiß auch wie.

24.
Wenn du meinst, alles von Gott zu wissen,
dann weißt du nichts.
Wenn du meinst, kein Sünder zu sein,
dann weißt du nichts.

25.
Der Mensch hat nur eine, einfache Aufgabe:
opfernde Liebe.

26.
Wen oder was sollte ich Jesus vorziehen?

27.
Jeder Moment zählt.
Jeder Handgriff zählt.
Jedes Gebot zählt.

28.
Du bist da, ich bin da.
Alles klar.

29.
Groß sind Deine Werke,
aber noch viel größer bist Du.

30.
Die Menschen aller Zeiten haben eines gemeinsam:
Sie sind tot und können ihre schlechten Taten
nicht mehr gut machen.
Wie gut geht es da uns Lebenden.

OKTOBER

1.

Du hast schon alles, denn du hast dich selbst.
Sage ruhig öfter Ich.
Stärke demütig dein Selbst-Bewusstsein.

2.

Der weltliche Sieger braucht immer einen Besiegten.
Bei Gott sind alle Sieger.

3.

Wir reden oft mit Menschen, die wir nicht sehen.
Warum also nicht mit Jesus sprechen?

4.

Treue ist der schönste Dank an das Leben.

5.

Regen bringt Segen.
Leid macht dich bereit.

6.

Zwischen den Straßengräben
die Straße zum ewigen Leben finden.

7.
Perle für Perle
dürfen wir mit Jesus gehen.
Im Rosenkranz unserer gemeinsamen Mutter Maria.

8.
Niemand kann dich zur Freude zwingen.
Niemand kann sich an deiner Stelle freuen.
Niemand kann verhindern, dass du dich freust.

9.
Viele machen wenig,
ist besser als,
Wenige machen viel.

10.
Einsamkeit zeigt dir, dass du nie allein bist.
Du selbst bist immer bei dir.

11.
Besser tief durchatmen und die Welt wahrnehmen
als hektisch vor ihr davonlaufen.

12.
Wischi-Waschi und Wischi-Waschi
gesellt sich gern.

13.
Schluss mit dümmlich.
Wir wollen endlich wieder lustig sein.

14.
Ohne Kanten keine Konturen.

15.
Die Zeit ist kurz,
sagte Paulus schon vor zweitausend Jahren.

16.
Endlich einmal gibt es ein Thema, bei dem wir nicht
zuerst an die Anderen denken müssen: Sünde.

17.
Jesus ist nicht der Hohepriester der Harmonie.

18.
In der lauten Spaß-Welt
ist ernste Stille eine erfrischende Abwechslung.

19.
Laufe nicht vor Jesus her,
folge ihm nach.

20.

Der Körper braucht Zeit zur Genesung,
ebenso die Seele, ebenso die Kirche.

21.

Mit den gleichen, bewährten Schritten
kommt man zu immer neuen Orten.
Mit den gleichen, bewährten Schritten
schreitet man im Glauben voran.

22.

An der unruhigen Oberfläche
sucht man ständig etwas Neues.
In der ruhigen Tiefe braucht man das nicht mehr.

23.

Deine Seele ist unersättlich, unermesslich.
Nur Gott kann sie vollkommen füllen.

24.

Gutmenschen haben ein Ablaufdatum.
Verlasse dich nicht auf ihre Hilfe.

25.

Alles lernen wir von Jesus.
Direkt oder indirekt.

26.

Du bist dein ganzes Leben mit dir selbst zusammen.
Es steht dir frei, dies gut zu finden oder nicht.

27

Sag jeden Morgen zu deinem Spiegelbild:
Ich habe dich gern.

28.

Alles geht vorüber.
Dieser Moment, dieser Tag, das ganze Leben.
Genieße sie, nütze sie, lebe sie.

29.

Jesus löst alle Probleme.
Sogar den Tod.

30.

Ich muss mir nicht für andere Menschen Gedanken
machen, es sind ihre, und ich habe meine.
Ich muss nicht über die Sünden anderer Menschen
nachdenken, es sind ihre, und ich habe meine.

31.

Realität: Einstieg jederzeit möglich.

NOVEMBER

1.

Der Tod ist dein guter Freund.
Er motiviert dich in den Weiten
des Lebens zu konkreten Taten.
Er gibt deinem Dasein einen Rahmen
und macht jeden Moment einzigartig.

2.

Gedanken fasten.
Sogar das Essen darfst du vergessen.

3.

Hier bin ich.

4.

Es ist dein dir von Gott gegebenes Geschlecht.
Danke Ihm dafür.

5.

Ängstliche Menschen sind zu allem fähig.

6.

Ob sie sich bekehren oder nicht,
du erhältst denselben Lohn von Gott.

7.
Allmächtiger Gott, es sind deine Werke.
Hilf mir, dir nicht im Weg zu stehen.

8.
Dass du dich gerne hast,
kannst nur du selbst dir sagen.

9.
Vielen Menschen geht es mehr um geistliche Früchte
als um Jesus.

10.
Ich bin hier, und kein anderer Mensch ist da.
Aber der Himmel ist immer da.

11.
Ich kann oft nicht mit Menschen reden,
auch in Gedanken bringt dies nichts,
aber ich kann immer mit Gott,
den Heiligen und den Engeln sprechen.

12.
Du brauchst nichts zusätzlich zur Realität.
Nichts zusätzlich zu haben ist nicht
Depression, Mangel oder Leere, sondern Freiheit.

13.
Leid soll immer zur Freude führen.
Auch dafür starb Jesus am Kreuz.

14.
Von den Menschen her gesehen
ist alles eine Katastrophe.
Von Gott her gesehen ist alles in Ordnung.

15.
Menschen Erste Hilfe leisten, können nur Menschen,
die dazu ausgebildet sind.
Der Welt Erste Hilfe leisten, können nur Menschen,
die heilig sind.

16.
Nicht durch andere hindurchschauen,
sondern sie wahrnehmen.

17.
Mehr Gott als in diesem Tabernakel
gibt es nirgends auf der Welt.

18.
Wer mit der Zeit geht, geht mit der Zeit.

19.

Gott lädt uns ein, seine Partner zu sein,
die mithelfen bei der Rettung der Welt.

20.

Die Hölle ist ein ewiges Gedröhn-Event,
bei dem unzählige Egomanen allein auf der Bühne
stehen und angebetet werden wollen.

21.

Gott hat immer Vorrang.

22.

Jesus ohne Kreuz ist nicht Jesus.

23.

Im Himmel hält man es nicht aus
als Sünder unter lauter Heiligen,
daher muss man selbst heilig sein.

24.

Sei ein reiner Kanal der Gnade Gottes.
Durch dich will Gott seine Gnade schenken.

25.

Gott allein gebührt Anbetung.

26.

Wenn es uns gut geht, danken wir Jesus,
dass er uns am Kreuz erlöst hat.
Wenn es uns schlecht geht, danken wir Jesus,
dass er uns am Kreuz erlöst hat.

27.

Lieber grundlos glücklich als grundlos unglücklich.

28.

Die letzte Sorge, die du getrost vergessen kannst,
ist die Sorge um Zeit und Raum.

29.

Nicht ständig alles kommentieren.
Einfach mal sein lassen.
Und die innere Stille pflegen.

30.

Schon auf Erden denken wir immer wieder,
dass es nicht mehr besser sein kann,
und es wird immer noch besser.
Genau so wird es im Himmel in Ewigkeit
immer wieder noch besser sein,
weil Gott unerschöpflich ist.

DEZEMBER

1.
Gott liebt das Detail.

2.
Im Himmel ist alles heilig.
Gott ist heilig, die Engel sind heilig,
die Heiligen sind heilig, alle im Himmel sind heilig.
In den Himmel kommst du nur, wenn du heilig bist.

3.
Wie wird man heilig?
Indem man alles Unheilige hinauswirft,
ganz leer wird durch Beichte, Gebet, etc.
und sich vom Heiligen Geist erfüllen lässt.

4.
Gott macht keinen Fehler.

5.
Zuerst die Gebrauchsanleitung lesen,
dann besonnen und entschlossen beginnen.
Das gilt auch für das Leben als Ganzes.

6.

Das Kind in dir darf erwachsen werden,
der Erwachsene in dir darf Kind werden.

7.

Ich weiß gar nichts, und das ist gut so.

8.

Wie wichtig ist es, sich selbst zu lieben.
Gott liebt dich, daher darfst auch du dich lieben.

9.

Nicht bloß die Gerechtigkeit gegenüber Gott
erforderte das Opfer Jesu Christi,
sondern die Gerechtigkeit gegenüber den Opfern.
Sonst würde den Tätern ohne jede Gegenleistung
vergeben, und die Opfer wären noch mehr Opfer.

10.

Wenn es nicht gleich klappt, warte.
Gott hat dann noch etwas Größeres vor.

11.

Wenn du ganz bei dir bist
können Menschen in deiner Gegenwart
ganz bei sich sein.

12.

Jesus freut sich über jede Heilige Messe, weil sein
Opfer hier zum Heil der Seelen Frucht bringt.
Sein Opfer liegt gleichsam in der Hand des Priesters,
der es gegenwärtig setzt oder nicht.

13.

Mit dem Menschen sich gut verstehen,
mit dem du am meisten zusammen bist.
Mit dir selbst.

14.

Nicht andere imitieren.
Bei denen ist Jesus schon.
Er will in dir leben und wirken.
So ist ein Mensch mehr ein Ort seiner Gegenwart.

15.

Auf den Jesus-Faktor kommt es an.
Wie viel Jesus ist in dieser Gruppe?

16.

Religiöse Unruhe:
Lieder, Feste, Aktionen, Gebete, Liturgien
ohne Jesus.

17.

Jeder Regentropfen, jede Schneeflocke
ist ein Grund zum Staunen und zur Freude.

18.

Und wenn du dann alles hast,
merkst du, dass es nicht alles ist.

19.

Stolz und Feigheit sind Geschwister.
Beide führen zur Ignoranz.

20.

Genieße den Moment.
Und dann den nächsten.
Jeder ist einzigartig.

21.

Fangen wir an.
Hier und jetzt.

22.

Per-sonare heißt durch-klingen, laut verkünden.
Der Mensch ist Person und darf, kann, soll
das Wort Gottes aussprechen, proklamieren.
Instrument, Stimme, Sprachrohr Gottes sein.

23.
Alles ist gut.
Durch Jesus und sein Kreuz.

24.
Du hast dich auf etwas gefreut.
Jetzt bist du mitten drin im Ereignis.
Danke.

25.
Jesus sieht Maria ähnlich,
weil sie seine leibliche Mutter ist.

26.
Alles ist gut.
Freuen darfst du dich selbst.

27.
Einfach mit Jesus das tun, was du gerade tust.

28.
Wir sind oft nicht da, weil wir meinen "woanders",
in der Vergangenheit oder Zukunft,
etwas zu versäumen.
Währenddessen versäumen wir aber gerade
diesen einzigartigen Augenblick.

29.
Was verbindet uns mit Jesus?
Das Kreuz.
Die Auferstehung.
Das ewige Leben.

30.
Danke, lieber Gott.
Danke, Vater.
Danke, Jesus.
Danke, Heiliger Geist.

31.
Jeder Moment ist ein Moment für die Ewigkeit.